Zu diesem Buch

Ein wirkliches Paar sind sie nie gewesen. Die Verbindung zwischen Cosima Wagner und Friedrich Nietzsche verdankt sich allein der beiderseitigen Verehrung für den übermächtigen Richard Wagner, Cosimas Ehemann. Die Geschichte der spannungsreichen Beziehung zwischen dem großen Philosophen und der Komponistengattin rollt nicht zuletzt die Geschichte des Wagnerschen Anteils an Nietzsches philosophischer Entwicklung auf.

Der Autor

Joachim Köhler, geboren 1952, studierte Philosophie in Würzburg, Tübingen, New York und Stanford. 1977 promovierte er über Nietzsches «Fröhliche Wissenschaft». Zu seinen Veröffentlichungen zählen die in mehrere Sprachen übersetzte Nietzsche-Biographie «Zarathustras Geheimnis» und der 1997 erschienene Band «Wagners Hitler. Der Prophet und seine Vollstrecker».

Joachim Köhler

Friedrich Nietzsche
und
Cosima Wagner

Die Schule der
Unterwerfung

Rowohlt Taschenbuch Verlag

PAARE Herausgegeben von Claudia Schmölders

Einmalige Sonderausgabe Oktober 1998

Veröffentlicht im Rowohlt Taschenbuch
Verlag GmbH, Reinbek bei Hamburg,
Oktober 1998
Copyright © 1996 by
Rowohlt · Berlin Verlag GmbH, Berlin
Alle Rechte vorbehalten
Umschlaggestaltung Notburga Stelzer
(Foto von Friedrich Nietzsche Anfang der 70er Jahre / Nietzsche
Archiv, Weimar; Foto von Cosima Wagner Ende der 70er Jahre /
Sammlung Frau Eva Chamberlain)
Gesamtherstellung Clausen & Bosse, Leck
Printed in Germany
ISBN 3 499 22534 4

Inhalt

Besuch in der Unterwelt   7
Wie man lernt, sich aufzuopfern   21
Der berauschte Novize   44
Die Schule der Unterwerfung   62
«Flieht Dionysos vor Ariadne?»   78
Der Geist, der Tragödien gebiert   87
Bayreuther Horizontbetrachtungen   112
«Cherchez le Juif»   133
Eine tödliche Beleidigung   156
Rückkehr in die Unterwelt   176
Bibliographisches   197
Namenregister   203
Bildnachweise   207

Für Carol

Besuch in der Unterwelt

Im Mythos von Dionysos und Ariadne kann man sich leicht verlaufen. Verschlungen und rätselhaft wie das Labyrinth, in dem er beginnt und in das er zurückkehrt, kreist er in sich und kennt, wie der sagenhafte Irrgarten, weder Anfang noch Ende. Wer sich in die gewundenen Gänge begibt, kann nie wissen, was hinter der nächsten Biegung auf ihn wartet: eine reizende Prinzessin oder ein gewalttätiger Held oder, im tiefsten Inneren des Labyrinths, ein menschenfressendes Ungeheuer. Vielleicht auch ein zweideutiger Gott namens Dionysos, der in den Masken von Ariadne, Theseus und Minotaurus ein boshaftes Spiel mit dem Besucher seines Reiches treibt – eines Reiches, in dem die einen die verwirrenden Wege des Lebens, die anderen die dumpfe Ausweglosigkeit der Unterwelt erkennen wollen.

Nicht einmal die antiken Erzähler des Mythos wußten genau, was damals im Palast von Knossos geschehen war, als der Fremdling Theseus die stolze Prinzessin Ariadne so ohne weiteres dafür gewinnen konnte, ihm beim Mord an ihrem stierköpfigen Halbbruder Minotaurus und mittels eines Wollknäuels durch die rätselhaften Gänge seines Irrgartens zu helfen. Dafür nahm Theseus nach der Bluttat die Verräterin mit übers Meer, wo auf der Insel Naxos Hochzeit gefeiert werden sollte. Doch die geplante Vermählung platzte, weil der Bräutigam spurlos verschwand – aus Überdruß oder aus Heimweh nach Athen, vielleicht auch weil der Maskengott Dionysos ihm etwas vorgespiegelt hatte, das eilige Abreise ratsam erscheinen ließ. Sicher ist nur, daß die verlassene, in der Seele verwundete Ariadne am Strand von Naxos das

Ende herbeischluchzte – das ihres Leidens und wohl auch das ihres jungen, schuldbeladenen Lebens.

Die Klage verhallte nicht ungehört. Der Gott kam, Dionysos, Herr des aufblühenden Lebens und des Hades. Er kam übers Meer, um die von Todessehnsucht ergriffene Braut zu erlösen. Wie, das blieb umstritten. Manche meinten, er habe Ariadne zur Sühne ihres vielfachen Verrats – nicht nur am brüderlichen Ungeheuer und der Königsfamilie, sondern auch am Gott selbst, dem sie versprochen war – von Artemis durch einen Pfeil töten lassen. Andere waren überzeugt, daß Dionysos der Lebensmüden die Lust am irdischen Dasein in göttlicher Umarmung wiedergab, und zwar entweder gleich am Strand, wo Theseus verschwunden war, oder auf einem hohen Berg, hinter Nebelschwaden verborgen, oder in einem rebenumkränzten Elysium, von dem nur die Phantasie zu berichten weiß.

So sei es zur Hochzeit von Dionysos und Ariadne gekommen, bei der die Gegensätze des Göttlichen und Menschlichen, des Männlichen und Weiblichen, auch die von Leben und Tod zur ekstatischen Einheit verschmolzen. Das kosmische Ereignis wurde vom Gott mit einem Zauberkunststück besiegelt: Liebes- und todestrunken schleuderte er den Brautkranz der Prinzessin ans nächtliche Firmament, wo er für alle Zeiten davon künden sollte, daß die Sterbliche in den Reigen der Ewigkeit aufgenommen war.

Homer sah das anders. Sein Held Odysseus entdeckte die Prinzessin mit eigenen Augen am Eingang des Hades; sie war zwar immer noch die «schöne Ariadne», doch sie war tot wie die anderen Geister. Auf des Dionysos Befehl, so vernahm der Listenreiche, habe Artemis sie in die Unterwelt geschickt; Odysseus floh das Labyrinth der Schreckgestalten, von «bleichem Entsetzen ergriffen».

Auch Friedrich Nietzsche, durch dessen Leben sich dieser Mythos wie ein roter Faden zieht, hat eine «Klage der Ariadne» gedichtet und der mysteriösen Begegnung des Gottes mit der Königstochter eine weitere Variante hinzugefügt. Die letzte Version seines traurig-schaurigen Gesanges, der ihn über Jahre hinweg beschäftigte, stammt aus dem Jahr 1888, als in den winterlichen Tagen von Turin sein Wahnsinn ausbrach und seine Briefe die Unterschrift «Dionysos» trugen. Er selbst fühlte sich, in der Euphorie des geistigen Zusammenbruchs, unaussprechlich göttlich und wechselte wie sein Vorbild Dionysos die Masken nach Belieben: Bald entdeckte er Shakespeare in sich oder Caesar, bald den König von Italien oder den bis aufs Blut bekämpften Musiker Richard Wagner – alle enthüllten sich ihm als Inkarnationen des einen Gottes Dionysos, mit dem er sich selbst eins wußte.

Am 1. Januar 1889 unterschrieb er die Widmung seiner Preisgesänge, genannt «Dionysos-Dithyramben», mit dem Namen dieses Gottes und ließ ihn selbst in einem der tragikomischen Gesänge auftreten: In der «Klage der Ariadne» sehnt sich die verlassene Prinzessin am Strand von Naxos nach der wärmenden Umarmung des Bräutigams und wird statt dessen von einem grausamen Gott, der sich hinter Wolken versteckt, gepeinigt. Unbekannte Fieber schütteln sie, spitze Frostpfeile bohren sich in ihren Leib, allen ewigen Martern, so jammert sie, habe der unbekannte Gott sie ausgeliefert. Während sein höhnisches Auge sie mit voyeuristischer Lust aus dem Dunkel anblickt, biegt und windet sie sich, um seinem «Stachel» zu entgehen. Ähnlich zerquält könnte Odysseus die Prinzessin am Tor zur Unterwelt gesehen haben, zitternd, bleich, ohne alle Hoffnung auf Linderung ihrer Leiden. Denn der Gott, dessen Zorn sie erweckt hat, ist Hades, die dunkle Seite des Liebesgottes Dionysos. Nietzsches Ariadne nennt ihn den «Henker-Gott».

Während der kranke Philosoph dies in seiner Turiner Mansarde niederschrieb, im sicheren Gefühl, selbst Dionysos zu sein, geriet ihm ein verräterisches Wort in die Feder. «Triff tiefer, triff einmal noch!» sollte seine Ariadne höhnisch ausrufen, «zerstich, zerbrich dies Herz!» Doch an diesem Tage, wo er der Menschheit durch die Veröffentlichung der «Dionysos-Dithyramben» eine «unbegrenzte Wohltat erweisen» wollte, erfreute er auch die leidende Braut mit einer kleinen Zärtlichkeit. «Trief tiefer! Trief einmal noch!» ließ er sie dem verborgenen Gott zurufen und darum betteln, daß das, was sie treffen soll, der «zähnestumpfe Pfeil» und «grausame Stachel», auch triefen möge – von jenem «himmlischen Taugeträufel» vermutlich, nach dessen «Tröstung» der Autor in einem anderen Dionysos-Lied «versengt und müde durstete». Natürlich wurde Nietzsches Unanständigkeit, mit der er seine Lust am Schmerz verriet und den Folter-Stachel als göttlichen Phallos enthüllte, von den Herausgebern seiner Schriften stillschweigend rückgängig gemacht.

Kaum hat Ariadne nach dem «Blitz-Verhüllten» gerufen, der sie statt mit «schadenfrohen Götter-Blitz-Augen» mit seinem triefenden Pfeil treffen soll, tritt er auch schon auf. «Ein Blitz», schreibt Nietzsche, und «Dionysos wird in smaragdener Schönheit sichtbar». Ohne Rätsel scheint es nicht abzugehen: Meinte Nietzsche die smaragdgrünen Wogen, die den Gott im Nachen ans Ufer trugen? Oder das erste Aufleuchten der göttlichen Lust, von der er in «Ecce homo» verriet, «ein solches smaragdenes Glück, eine solche göttliche Zärtlichkeit hatte noch keine Zunge vor mir»? Ariadne wird bald die Antwort wissen, denn alles im Dionysos-Festgesang deutet auf ein Happy-End hin.

Doch die Hochzeit der Gegensätze findet an diesem 1. Januar 1889 in Turin nicht statt. Im Kämmerchen hoch über der Piazza Carlo Alberto, in deren Postamt Nietzsche seine «Wahnsinns-Briefe» bequem aufgeben kann, trifft nichts und trieft nichts. Der im Blitz erscheinende Gott hat anderes im Sinn. Es drängt ihn wie sein Mundstück, den Pastorensohn Nietzsche, zur Rede. Nur, was Dionysos da spricht, von kleinen Pausen unterbrochen, muß die Adressatin Ariadne, und mit ihr die Leser seiner Hymnen, unbedingt ernüchtern:

«Sei klug, Ariadne!...
Du hast kleine Ohren, du hast meine Ohren:
steck ein kluges Wort hinein! –
Muß man sich nicht erst hassen, wenn man sich lieben soll?...
Ich bin dein Labyrinth...»
So spricht kein Bräutigam, schon gar nicht ein liebestrunkener Gott, den es zur Vermählung an Ort und Stelle drängt. Offenbar will er belehren und ermahnen und erinnert dabei, reichlich ungalant, an eine physiologische Eigenheit der Braut, die weder dem Leser noch der klassischen Mythologie vertraut ist. Was bedeutet denn der Trost, ihre Ohren seien so klein wie die seinen? Und der Rätselsatz am Schluß, mit dem sich ihr Geliebter, statt sie auf den Gipfel olympischer Lust zu entführen, als unterirdischer Irrgarten zu erkennen gibt, als tödliche Ausweglosigkeit, mit einem Wort: als Hades? Aus mir, so gibt ihr der seltsame Gott zu verstehen, kommst du nicht mehr heraus, du bist mir auf Leben und Tod verfallen!

Nur *eine* Ariadne konnte sich von dieser Dionysos-Lektion angesprochen fühlen. Sie hatte, im Unterschied zum kleinohrigen Nietzsche, tatsächlich markante Ohren, über die sich der Philosoph bereits in seiner «Götzen-Dämmerung» lustig gemacht hatte: Um als göttlicher «Geschmacksrichter» ein besonders augenfälliges Beispiel menschlicher Häßlichkeit zu geben, hatte der boshafte Dionysos seine Braut Ariadne an den Ohren gepackt. «Oh Dionysos, Göttlicher», fragte sie erstaunt, «warum ziehst du mich an den Ohren?» Als Antwort erhielt sie die unhöfliche Gegenfrage: «Warum sind sie nicht noch länger?»

Die «Prinzessin», die Nietzsche zu einer Replik provozieren wollte, blieb stumm, weil sie die «Götzen-Dämmerung» nicht gelesen hatte und auch sonst wenig geneigt war, sich mit Nietzsche zu beschäftigen. Also beschloß er, der sich vor Eingeweihten längst als ihr «philosophischer Liebhaber» zu erkennen gegeben hatte, die leidige Angelegenheit auf die Spitze zu treiben.

Anfang Januar 1889 schickte er an Cosima Wagner, die Witwe des Opernkomponisten, die kecke Botschaft: «Man erzählt mir, daß ein gewisser göttlicher Hanswurst dieser Tage mit den Dionysos-Dithyramben fertig geworden ist...» So nonchalant, wie es dasteht, war es nicht gemeint. Nietzsche setzte voraus, daß die Herrin von Bayreuth begriff, wer sie hier seiner Anrede würdigte – nicht jener Friedrich Nietzsche, der sich vom Chefpropagandisten des Wagner-Unternehmens zu dessen Todfeind entwickelt hatte, sondern der Gott Dionysos selbst, dem sein Verehrer die Preislieder gewidmet hatte, darunter auch die «Klage der Ariadne», in der sie, Cosima Wagner, die Rolle der Prinzessin spielen durfte.

Kaum hatte der «göttliche Hanswurst» das Kuvert zur Post gebracht, überfielen ihn Zweifel: Würde sie wirklich verstehen, warum gerade ihr, der Wagner-Witwe, die Ehre dieser dionysischen Botschaft zuteil wurde? Der Ohrentrost, die Offenbarung des Labyrinths? Nietzsche eilte zum Schreibtisch zurück und setzte eine neue Botschaft auf, die nichts mehr an Klarheit zu wünschen übrigließ: «An die Prinzeß Ariadne, meine Geliebte», begann er das Schreiben – er? Nein, nicht der pensionierte Professor, sondern der Gott, der «unter Indern Buddha», zwischendurch auch Voltaire und Napoleon gewesen war, «vielleicht auch Richard Wagner», um jetzt «als der siegreiche Dionysos» zurückzukehren, «der die Erde zu einem Festtag machen wird». Damit sich die Bayreutherin nicht allzu geschmeichelt fühlte, fügte der vielbeschäftigte Gott hinzu: «Nicht daß ich viel Zeit hätte...»

Letzteres stimmte sogar. Nur noch wenige Tage konnte Nietzsche seinem Größenwahn die Zügel schießen lassen und in seinem Turiner Dachzimmerchen, das er zum Tempel herausgeputzt hatte, dionysische Orgien feiern, allein mit sich, dem Klavier und den Wagner-Motiven, über die er stundenlang improvisierte. Zwischendurch zog es ihn ins

Straßengetümmel hinab, wo er den Turinern erklärte, er sei ein Gott, der sich mit Rücksicht auf ihre menschliche Inferiorität als Hanswurst verkleidet habe – sein wahres Antlitz ertrügen sie sowenig wie Semele das des Blitzgottes Zeus. Dann stieg er wieder viele Treppen hoch in seinen Mansardentempel, wo er, heimlich beobachtet von der Vermieterin, dionysische Nacktänze aufführte.

Am 8. Januar 1889 erhielt der 44jährige Syphiliskranke erstmals Besuch; nicht, wie erwartet, vom italienischen Königspaar, sondern von seinem Freund Franz Overbeck, einem Basler Theologieprofessor, dem der offenbarte Gott zur Feier des Tages einen rituellen Tanz aufführte – ein Anblick, so der schockierte Overbeck, «der die orgiastische Vorstellung der heiligen Raserei, wie sie der antiken Tragödie zugrundelag, auf grauenhafte Weise verkörperte». Worauf er den wahnsinnigen Dionysos per Bahn nach Basel ins Irrenhaus brachte.

Aus der Ferne erscheint «Haus Wahnfried», Richard Wagners Alterssitz, wie ein abweisender Steinklotz. Wer sich Anfang dieses Jahrhunderts, am Bronzebild Ludwigs des Großzügigen vorbei, der Villa nähert, deren breiter Mittelteil fensterlos über zwei Stockwerke zum flachen Dach emporsteigt, fühlt sich an ein zypressenumstandenes Mausoleum erinnert. Wer auch noch eintreten darf ins Heiligtum, dem Könige und Kaiser, selbst der Zar von Bulgarien die Ehre erwiesen haben, findet sich in einem hohen Weiheraum wieder, dessen nach Tempelart aus der Höhe einfallendes Licht zwei Marmorbüsten beleuchtet: Richard und Cosima Wagner. Wie des Meisters Züge, denen das Zwergenhafte würdevoll eingeprägt war, unter der Hand des Bildhauers sich zu apollinisch-kühlem Ebenmaß glätteten, finden sich auch Cosimas Gesichtseigenheiten, an denen nicht nur Nietzsches Schwester Elisabeth «Nase und Mund zu groß» fand, in der Bildnisbüste ins Zeitlos-Klassische transfiguriert. Seit der Erbauer Wahnfrieds 1883 in Venedig gestorben war und hinterm Haus beerdigt wurde, herrscht hier die Witwe Cosima, und alles atmet Ewigkeit.

Droben, im Zwischengeschoß, wo früher ihre Kinder spielten, liegt sie in leiblicher Gegenwart. 1906 zum ersten Mal von kolikartigen Anfällen heimgesucht, hat sie sich auf ärztlichen Rat in die Ruhelage begeben, die sie nur zu Spaziergängen und regelmäßigen Kuraufenthalten in Italien verläßt. Nietzsche, dessen dionysische Botschaften sie angewidert zur Kenntnis genommen hatte, ist seit vielen Jahren tot. Das Erbe ihres Mannes hat sie, samt Festspielen und vielköpfiger Familie, fest im Griff. Tief unter ihrem Krankenlager weiß sie Wagners Ahnensaal, wo alles, was er in seinem siebzigjährigen Leben an biographisch Bedeutungsvollem zusammentrug, seinen Platz gefunden hat – und das endgültig. Denn seit seinem Tod darf nichts verändert werden. Kein Museum soll Wahnfried sein, sondern ein Heiligtum. Und wenn gesprochen wird, dann gedämpft.

Das Allerheiligste aber beherbergt ihr Witwenzimmer: Wagners rotes Sofa vom Palazzo Vendramin, auf dem er sein Leben ausgehaucht hat; eine letzte Ruhestätte sollte hier auch seine Taschenuhr finden, die sie ihm einst geschenkt hatte und die ihm im Todeskampf entglitten war. Nicht «Meine Cosima!» waren seine letzten Worte gewesen, sondern «Meine Uhr!» Jetzt tickt sie wieder. Von den Wänden blicken die Toten auf Cosima herab: Vater Franz Liszt und Mutter Marie d'Agoult, die Geschwister Blandine-Rachel und Daniel, König Ludwig, der Wahnfried finanzierte, und immer wieder der Meister, von Lenbach gemalt oder als Büste auf dem Kaminsims. Nachts spricht sie mit ihnen. Vom Fenster aus kann sie das Grab sehen, das auf sie wartet. Daß sie noch lebt, verstößt eigentlich gegen eine Abmachung. Acht Tage nach seinem Tode, so hatte Wagner einst dem König anvertraut, werde Cosima ihm ins Grab folgen. Doch erst 47 Jahre nach ihm wird ihre Urne unter den Wagnerstein, neben den toten Hunden und Papageien, versenkt werden.

Cosima weiß, daß sie zur lebenden Reliquie des Wagner-Kultes geworden ist, und sie will es so. Nur Erwählte dürfen ihr nahen, ehrfürchtig wie einer Königin. Drapiert in faltenreiche Gewänder, ruht sie auf der Chaiselongue, das weiße Haar, wie von Wagner gewünscht, zum griechischen Knoten gebunden, und empfängt. Die Gäste, so Enkelin Friedelind, benehmen sich, «als stünden sie vor einem Altar». Erst wenn sie gegangen sind, wird ihr von Jungfer Dora das Bier serviert, dessen Glucksen ein Papagei täuschend nachahmt. Auch das Aufstoßen von Tochter Eva, verheiratete Chamberlain, gehört zu seinem Repertoire. Sooft sie die Treppe hochsteigt, um der Kranken ihr Essen zu bringen oder Briefe nach Diktat zu schreiben, imitiert der Vogel grausam ihr Mißgeschick. Doch öfter noch gluckst er, denn die Greisin, so Schwiegertochter Winifred, trinkt «sehr gerne».

In den Jahren vor ihrem Tod 1930 gleitet Cosima immer häufiger in die Vergangenheit zurück, leitet Bühnenproben mit längst verstorbenen Sängern und liegt stundenlang in der «Trance», wie die Familie es nennt. Dort trifft sie ihre Toten. Krampfanfälle treten auf, «Schmerzen, Schmerzen, Schmerzen», ihr Augenlicht schwindet. «Man ist wie abgeschieden», klagt sie den Töchtern.

Im September 1923 nähert sich der lebendigen Toten ein junger Mann mit Lederhosen und «ausgehungertem Blick». Wie einst Cosima sieht nun er sich als Stellvertreter Wagners auf Erden. Bevor er dem Gralstempel seiner wirren Weltanschauung die Aufwartung macht, besucht er Cosimas Schwiegersohn Houston Stewart Chamberlain am Krankenlager, an das er seit Jahren gefesselt ist. Nachdem der junge Mann von dem Rassentheoretiker den Segen bekommen hat, betritt er «mit Bücklingen» die Wagner-Villa, den Weiheraum, den Ahnensaal, «wo er auf Zehenspitzen zwischen den Andenken umhergeht, als besichtige er die Reliquien einer

Kathedrale». Ob er auch in den Schrein der Greisin geführt wurde und ihr die pergamentene Hand drückte? Die Enkelin jedenfalls hörte, wie er der Gralshüterin als «Retter Deutschlands» angekündigt wurde; und ebenso gewiß hat Eva ihr aus dem Buch «Mein Kampf» vorgelesen – die Korrekturfahnen kamen direkt vom Verleger.

Ob der Autor Eindruck auf Cosima machte? In ihren «letzten Worten», von den Töchtern wie Orakelsprüche festgehalten, tauchen Voltaire und Evas Kanarienvogel, häufig Houston Stewart Chamberlain und selten Richard Wagner auf, Hitler nie. Auch Nietzsche scheint vergessen, vielleicht auch, wie sie es nennt, «in die Schweignis versenkt. Das tut gut manchmal.»

Der kranke Friedrich Nietzsche hat seine Endstation bereits im Sommer 1897 erreicht. Nach Zwischenaufenthalten in der Kantonalen Irrenanstalt Basel, der Großherzoglich Sächsischen Landes-Irren-Heilanstalt Jena und dem mütterlichen Haus im Naumburger Weingarten heißt Endstation auch: der Ruhm, der Kult, die Heiligsprechung als Künder des Übermenschen, wohnhaft in der «Villa Silberblick».

Auf einem kahlen Hügel über Weimar steht der rote Ziegelbau mit dem Schieferdach, im Winter den Winden, im Sommer, so ein Nietzscheaner, «der Glut des Tages» ausgeliefert und deshalb von den Weimarern «Villa Sonnenstich» getauft. Der Windmühle in der Nachbarschaft hat ein Sturm die Flügel abgerissen – «ein Gleichnis unseres Daseins», wie Hausherrin Elisabeth Förster-Nietzsche tiefsinnig bemerkt. Dabei hat sie keinen Grund zur Klage: Ihr Bruder, der sich, als er noch sprechen konnte, einen «armen Lazarus» nannte, hat sich zum reichsdeutschen Kultobjekt entwickelt, seine von ihr edierten Werke sind Verkaufsrenner. Nietzsche boomt, und Elisabeth ist seine Prophetin.

Der Erfolg kam erst mit dem Wahnsinn. Noch in Turin, kurz vor Torschluß, war Nietzsche ein fast unbekannter

Schriftsteller, der auf zerrissenen Sohlen lief, sich unregelmäßig ernährte, mit den Pfennigen rechnete. Seine italienischen Unterschlüpfe, die er «Höhlen» nannte, waren auch im Winter unbeheizt; seine Irrenhauszellen lagen, da die Mutter für seine Zukunft sparte, in der zweiten Klasse. Der plötzliche Ruhm seiner Werke, vom Nimbus seiner Umnachtung gespeist, verwandelte sich dank der umtriebigen Schwester in Wohlstand.

Schon seine Übersiedelung in die Weimarer Villa im April 1897 signalisierte entscheidende Veränderungen: Die kleinwüchsige Schwester, umgeben von livriertem Personal, begleitete den Bruder im eigens angemieteten Salonwagen von Naumburg nach Weimar, wo ihnen im Bahnhof der Separateingang der großherzoglichen Familie offenstand. Tief in der Nacht hielt der Zarathustra-Autor Einzug in die Goethe-Stadt, verborgen hinter den geschlossenen Vorhängen seiner eigenen Kutsche.

Beim Eintritt in die «Villa Silberblick», so wird erzählt, sei Nietzsche in den Ruf «Palazzo, Palazzo!» ausgebrochen. Gewöhnt an billige Bauernstuben, Großstadtmansarden und Anstaltszellen, muß ihm schon der geräumige Salon mit den roten Plüschmöbeln wie der Eintritt in eine höhere Wirklichkeit vorgekommen sein; vielleicht auch wie die Rückkehr in die Samt-und-Seiden-Welt Richard Wagners, der in einem venezianischen Palazzo gestorben war. Als weilte er selbst nicht mehr unter den Lebenden, blickte ihm von allen Wänden sein Porträt entgegen, standen, in Vitrinen aufgereiht, seine kostbar gebundenen Werke, thronte in der Mitte des Weiheraums sein altes Pianino. Hatte er noch zu Anfang seiner Erkrankung oft und ausgiebig darauf phantasiert, diente es nun als Museumsstück, auf dem Nietzsche-Kompositionen zelebriert wurden.

Musik war die letzte Botschaft, die ihn, bei sonstiger «geistiger Abwesenheit», noch erreichte. Im Haus der Mutter hatte ihn ein mechanisches Spielwerk mit dem Hochzeits-

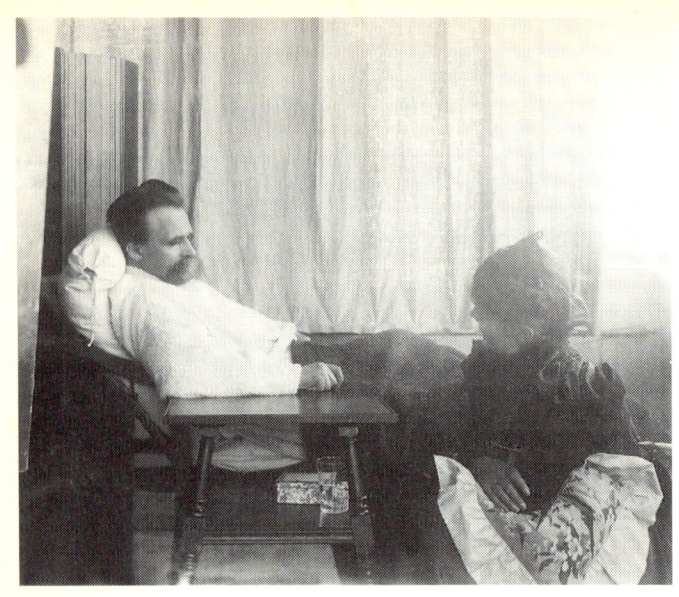

«Der arme Lazarus»: Der kranke Nietzsche mit Schwester 1899

marsch aus Wagners «Lohengrin» entzückt, der ihm an Weihnachten 1893 als «das Schönste im ganzen Haus» erschien. Auch in der «Villa Silberblick» gehörte Musik zu den wenigen Lichtpunkten seines Höhlenlebens. «Wenn man ihm sagte, nun solle Musik gemacht werden», berichtet ein Besucher, «so geriet er gleich in Ekstase und stieß unschöne, unartikulierte Laute aus, ein dumpfes, schreckliches Stöhnen.» Sobald die Musik begann, «verklärte sich sein ganzes Gesicht und strahlte in einer nicht zu schildernden Weise»; hörte er den Namen Richard Wagner, «so vergaß er nie hinzuzusetzen: Den habe ich sehr geliebt.»

Während die Schwester in den Weiheräumen empfängt und sich, als Stellvertreterin ihres Bruders, von Europas Geisteselite feiern läßt, liegt Nietzsche, lebendiges Exponat seines eigenen Museums, im Obergeschoß und dämmert dahin.

«Man ist wie abgeschieden»: Die kranke Cosima mit Familie 1917

Ein Besuch in seinem Zimmer zählt, wie in Bayreuth die Cosima-Audienz, zum Höhepunkt jeder Pilgerfahrt: Hier liegt der Übermensch mit dem buschigen Schnurrbart, gehüllt in den weiten Prophetenmantel, die braunen Augen starr, dann plötzlich kreisend, schielend, hinter den dichten Brauen verschwindend – die Gäste sind fasziniert. Er spricht nicht mehr, reagiert nicht mehr, die Hände liegen wie aus Wachs geformt, grünlich-violett geädert, auf dem Plaid, und nur die Augen rollen, bis sie ins Nichts wegkippen.

31 Jahre nach Nietzsches Tod wird Hitler hier auftauchen, vor der Marmorbüste Andacht halten und über den «Willen zur Macht» nachdenken. Von Elisabeth, der langlebigen Schwester, die so runzlig geworden ist, daß ein Besucher sie «Pygmäenkönigin» tauft, wird Hitler zwei Weihegeschenke erhalten: die «Massenpetition gegen das Überhandnehmen

des Judentums», die ihr verstorbener Mann Bernhard Förster 1880 Bismarck übergeben hatte, und den Degen ihres Bruders, der wie ein harmloser Spazierstock aussieht.

Noch im Krieg, im Mai 1943, wird Hitler einen «Zusammenhang» sehen zwischen dem «Weltsturz» des Judentums und Nietzsches «Forderung des Übermenschen», der «Forderung eines gesteigerten und intensivierten Lebens. Deshalb», so Hitler gegenüber Tagebuchschreiber Joseph Goebbels, «ist Nietzsche unserer Auffassung natürlich viel näher als Schopenhauer», denn «die Philosophie hat nur die Aufgabe, das Leben zu steigern und zu vereinfachen, nicht aber, es mit einem pessimistischen Schleier zu überlagern» – also sprach Zarathustras entsetzlicher Schüler.

Von den völkischen Festen im Salon, die zu seinen Ehren gefeiert wurden, hat der kranke Nietzsche wenig mitbekommen. Erst nachts, wenn die Besucher gegangen waren und ihre Erlebnisse in die Tagebücher eintrugen, wurde es lebendig in seiner Höhle. Dann erscholl das «laute Brüllen des Unglücklichen», das die Bewohner der «Villa Silberblick» aufschreckte und bis auf die Straße zu hören war. «Noch zwei, drei Mal die langen, rauhen, wie stöhnenden Laute, die er mit ganzer Kraft in die Nacht hinausschrie», so notierte ein Gast im Oktober 1897, «dann war wieder alles still.» Ein anderer berichtete von dem «wilden verzweifelten Aufbrüllen, das wie aus der Brust eines zu Tode verwundeten Tieres die Stille der Nacht zerriß».

Die Leiden der «lebendigen Leiche» hatten im August 1900 ein Ende. Elisabeth, die Alleinerbin, ließ ihren berühmten Bruder nicht, wie er sich gewünscht hatte, an einem Schweizer Bergsee beerdigen, sondern neben dem Grab seines Vaters, in einem Dörfchen bei Naumburg, wo sein unglückseliges Leben 56 Jahre zuvor in einem Pfarrhaus begonnen hatte.

Wie man lernt,
sich aufzuopfern

«Das erste Ereignis, was bei wachsendem Bewußtsein mich traf», schrieb der 1844 geborene Friedrich Nietzsche über seine Kindheit, «war die Krankheit meines Vaters» und dessen qualvolles Sterben an «Gehirnerweichung». Elf Monate dauerte sein, wie Nietzsches Mutter Franziska es nannte, «Herz und Mark erschütterndes» Leiden, elf Monate, in denen der vierjährige Fritz den Verfall des Vaters miterlebte: die Lähmungen, die Krampfzustände, das Erblinden, schließlich sein geistiges Erlöschen. Die Schreie des Gequälten, der als Landpastor mit überschwenglicher Frömmigkeit aufgefallen war, drangen bis auf die Straße. 1849 starb Carl Ludwig Nietzsche an seiner rätselhaften Erkrankung, deren Schrecken noch Jahrzehnte später durch die Träume des Sohnes geistern sollten.

Auch die seiner Wiederkehr: Ein halbes Jahr nach dem Tod des Vaters träumte Fritz, daß der Grabhügel sich öffnete und der Verstorbene im Leichenhemd emporschwebte, um den kleinen Bruder mit sich in die Tiefe zu nehmen. Nach «Josephchens» Tod – der Traum hatte sich bewahrheitet – zog die Restfamilie in die Stadt Naumburg, wo Witwe Franziska mit den Kindern Fritz und Elisabeth als «Kostgänger» der Großmutter in dunklen Hinterzimmern lebte. Es blieb ihnen die Erinnerung an den Verewigten, der für Fritz zum erhabenen Vorbild seiner Erziehung wurde. Schon bald beeindruckte er als «kleiner Pastor» die Naumburger, die nicht ahnten, daß er nachts vom «Klanggespenst» seines sterbenden Vaters heimgesucht wurde.

Zwischen Himmelssehnsucht und Höllenangst entwickelte sich der Pastorensohn zum Musterschüler. Angetrieben vom Ehrgeiz der Mutter, begann er zu dichten, zu komponieren, die Gleichaltrigen an Belesenheit und Eloquenz zu übertreffen. Der Preis, den er dafür lebenslang zu entrichten hatte, waren Alpträume und Migräneanfälle. «Weil er schon in Schulpforta», dem Internat, auf das ihn die Mutter schickte, «ein Wunderkind war», schrieb sein späterer Universitätskollege, der Historiker Jacob Burckhardt, «wollte man immer größere Wunder von ihm sehen; so hat man ihn über die Maßen angestrengt und seine Gesundheit an der Wurzel beschädigt.»

Das preußische Eliteinternat brachte Nietzsche nicht nur verschärften Drill, sondern auch die Begegnung mit einem neuen Ideal: An die Stelle des Gekreuzigten traten die Gipsbüsten der griechischen Götter. Zusammen mit seinen Freunden träumte er von der Wiederkehr des klassischen Athen, dem Heldentum der Dioskuren, dem philosophischen Eros in Platons Symposion; statt der Gebete, die er in Naumburg so gefühlvoll hersagen konnte, daß den Hörern die Tränen kamen, widmete er nun seinen Freunden Liebesgedichte nach antikem Vorbild.

Auch ihm wurden Liebesgedichte gewidmet. In das Poesiealbum des «Alumnen» Nietzsche hat der Shakespeare- und Byron-Übersetzer Ernst Ortlepp jahrelang Verse eingetragen, die eine zarte Leidenschaft für den Jungen erkennen lassen. «Daß ich noch einmal lieben würde, ich hätt' es nimmermehr gedacht!» schrieb er seinem Liebling ins Stammbuch. Für Nietzsche wurde der damals sechzigjährige Dichter, der als Geistlicher gewandet ging und im Kanzelton zu sprechen liebte, zum Vaterersatz. Dabei war Ortlepp in allem das Gegenteil eines Landpastors: Er sang blasphemische Lieder, rezitierte den «sündigen» Lord Byron und wurde, als vagabundierender Alkoholiker, der öffentliches Ärgernis erregte, mehrmals ins Gefängnis gesperrt.

In den Gasthäusern um Schulpforta begeisterte das gescheiterte Originalgenie die Gymnasiasten mit Klavierimprovisationen, schockierte die Knaben, die ihn «vergötterten», mit seinen «dämonischen Liedern». Auch das erinnerte Nietzsche, Ortlepps «Vielgeliebten», an den toten Vater, der stundenlang am Klavier phantasiert und Schumann-Lieder gesungen hatte. «Als ich jung war», bekannte Nietzsche später, «bin ich einer gefährlichen Gottheit begegnet, und ich möchte niemandem das wieder erzählen, was mir damals über die Seele gelaufen ist – sowohl von guten wie von schlimmen Dingen.» Es war der zweideutige Gott Dionysos, Herr der Lebenslust wie der Todesschrecken, der ihm hier in Gestalt des trunkenen Poeten Ortlepp zum ersten Mal begegnet war. In Nietzsches Abiturjahr 1864 stürzte der Alte im Rausch in einen Graben und brach sich das Genick. Über seine Beziehung zu dem dionysischen «Freund, der Blitze und Blicke in meine dunkle Jugend warf», hat Nietzsche sein Leben lang Schweigen bewahrt.

Ernst Ortlepp, dessen «Polenlieder» Nietzsche noch 1888 in «Ecce homo» erwähnte, dürfte ihm auch von Wagner erzählt haben. Die beiden waren sich Anfang der dreißiger Jahre in Leipzig nahegekommen und hatten, zusammen mit Heinrich Laube, dem Dichter des «Jungen Europa», über die Befreiung der Sinnlichkeit, die sogenannte «Emanzipation des Fleisches», und die Wiedergeburt der Antike diskutiert; Wagner, wie Ortlepp vom Freiheitskampf der Polen begeistert, hatte damals eine «Polonia»-Ouvertüre geschrieben, Ortlepp ihm, als einer der ersten, in einer Rezension eine große Zukunft prophezeit: «So sind wir überzeugt, daß er Großes leisten wird.» In der Aufbruchstimmung des Vormärz war dem zwanzigjährigen Studiosus Wagner und seinem Dichter-Freund die endgültige Erlösung der Menschheit in greifbarer Nähe erschienen. Bis dahin verbrachte man seine Nachmittage beim Zuckerbäcker Kintschy im Rosenthal mit türkischem Kaffee und Fruchtsorbet.

Auch für den Studenten Nietzsche, der sich in Leipzig den klassischen Sprachen widmet, wird Kintschy zum Lieblingsaufenthalt. Hier trifft er sich mit seinem Freund Erwin Rohde, um über die gemeinsamen Reitstunden und ihren philosophischen «Halbgott», Arthur Schopenhauer, zu schwärmen; hier verbringt er am Nachmittag des 8. November 1868, Kakao trinkend und «Kladderadatsch» lesend, eine unruhige Dreiviertelstunde, bevor er am Abend dem Komponisten Richard Wagner gegenübertreten wird, der sich «in strengstem Inkognito» in seiner Vaterstadt aufhält.

Seit Ortlepps Tagen in Schulpforta war dieser Name immer wieder in Nietzsches Notizen aufgetaucht, hatten «Tristan»-Verse seine Gedichte gewürzt, die nordischen Quellen, aus denen Wagner seine «Nibelungen» schöpfte, den Schüler zu einer grausigen «Ermanarich»-Oper inspiriert. Doch im Gegensatz zu Wagners Dichtungen hatte dessen Musik bei Nietzsche keine Chance. In einer Aufzählung seiner Lieblingskomponisten vom Frühjahr 1868 finden sich Beethoven, der ihn zu «erhabenster Überschwänglichkeit» und «genialem Champagnerrausch» erhebt, und Schumann, der ihm «verschwimmendes Ruhegefühl» und «warmes Selbstmitleid» einflößt. Wagners Walküren kommen in der Bestenliste, die in der «kristallenen Entrücktheit» der «seligen Knaben in Schumanns Faust» gipfelt, nicht vor – sie waren Nietzsche nicht subtil genug.

Wenige Monate später hat das Bild sich geändert. Der Musterstudent traf im Freundeskreis seines akademischen Förderers, Friedrich Ritschl, mit eingefleischten Wagnerianern zusammen, lernte den alten Wagner-Genossen Heinrich Laube kennen, und von Ritschls Frau Sophie, seiner «intimen Freundin», wurde ihm die Bekanntschaft mit Wagners Schwester Ottilie, verheiratete Brockhaus, in Aussicht gestellt. Kaum hatte sich sein Herz den einst verschmähten Klängen geöffnet, warb er enthusiastisch für Wagners «tönende Philosophie», lockte seine Freunde, allen voran Erwin

«Als ich jung war, bin ich einer gefährlichen Gottheit begegnet»: Schon auf dem Internat lernte Nietzsche – hier als Abiturient 1864 – die Macht des Dionysischen kennen, aber auch die Leiden des Körpers, dessen Gesundheit damals «an der Wurzel beschädigt» wurde

Rohde, mit Erweckungsbotschaften und missionierte die staunende Sophie Ritschl mit Wagners neuestem Wurf, den «Meistersingern von Nürnberg». «Jede Faser, jeder Nerv zuckt an mir», schrieb er, «und ich habe lange nicht ein solches andauerndes Gefühl der Entrücktheit gehabt.» Hatte ihn früher der Schwulst der Tonmalereien abgestoßen, entdeckte er jetzt im Sonnenhelden Siegfried den wiedergeborenen Apoll, in den todessüchtigen «Tristan»-Harmonien die Nachtseite seiner Kindheit wieder, die er im Pessimismus Schopenhauers als wahren Blick in den Daseinsabgrund dargestellt fand. «Mir behagt an Wagner, was mir an Schopenhauer behagt», gestand er Freund Rohde, «die ethische Luft, der faustische Duft, Kreuz, Tod und Gruft.»

Selbst die in umständlicher Kanzleisprache verfaßten und meist belächelten Programmschriften des Revolutionärs Wagner begannen den Altphilologen zu interessieren. Ein anderes Griechenland, als an der Universität gelehrt wurde, fand er hier, eine tagtraumhafte Menschheitsvision, die sich der Neuhellene bald zu eigen machen sollte: die Antike als Vorbild der Gegenwart, der griechische Held als gottähnlicher Übermensch, die Tragödie des Aeschylus als Vorläuferin des Wagnerschen Musikdramas. Den Kunstphilosophen Wagner ernannte Nietzsche gar zum neuen «Heiligen der Philologie», der als Prophet des wahren Altertums die Universitätsprofessoren zu akademischen «Fabrikarbeitern» degradierte. Und dabei, so Nietzsche, glaubt «jeder dumme Literaturhistoriker ... ein Recht zu haben, auf ihn zu pissen: dies das Martyrium.»

Am Abend des 8. November 1868 lernt der 24jährige Student den 55jährigen Märtyrer kennen. Schon am Vortag hatte er ihn zufällig auf der Straße gesehen, «mit einem ungeheuren Hute auf dem großen Schädel», und im Vertrauen erfahren, daß «ein Brief vom kleinen König an ihn angekommen sei, mit der Adresse: ‹an den großen deutschen Tondichter Richard Wagner›». Nun steht er dem kleinen, quecksilbrigen Mann im «sehr behaglichen Salon Brockhaus» in Person gegenüber, und abgesehen davon, daß «einige alte Weiber mitspielen», wie er seine Gönnerinnen Ottilie und Sophie gegenüber Rohde tituliert, wird es ein Tête-à-tête für zwei Darsteller: Der eine witzelt auf sächsisch, parodiert seine «Meistersinger»-Figuren in wechselnden Stimmlagen, gibt Auszüge aus seiner Autobiographie zum besten, um schließlich, nach Ende des gesellschaftlichen Teils, vor dem anderen, der ihm hingerissen an den Lippen hängt, «mit unbeschreiblicher Wärme» ein Bekenntnis zu Schopenhauer abzulegen, ihm zum Abschied «sehr warm» die Hände zu drücken und eine Einladung auf seinen Landsitz Tribschen am Vierwaldstätter See auszusprechen, «um Musik und Philosophie zu treiben».

Die Auspizien für ihre Beziehung waren an diesem Abend weit weniger günstig, als die Ausgelassenheit des Hauptdarstellers vermuten ließ. Wagner hatte vor seiner Familie und dem Ritschl-Protegé Nietzsche den Hanswurst gegeben, um über eine tiefe Verstimmung hinwegzuspielen: Gerade war das ehebrecherische Verhältnis, das er seit Jahren mit der Frau seines Freundes und «Tristan»-Dirigenten, Hans von Bülow, unterhielt, allgemein ruchbar geworden; Cosima, seine Geliebte, bemühte sich verzweifelt, ihren Ehemann zur Scheidung zu überreden; und der «kleine König», der seit langem geahnt hatte, welchen Umgang seine intimsten Berater miteinander pflogen, war zum Bruch mit seinem Abgott Wagner entschlossen. Eben dies, die Verweigerung einer erbetenen Audienz, war Wagner in jenem Brief «an den großen deutschen Tondichter» mitgeteilt worden, der auch nicht von Ludwig, sondern von seinem Kabinettssekretär verfaßt worden war.

Zu dem Ärger über die Demütigung war noch die Sorge um Cosima gekommen: Seine im dritten Monat schwangere Geliebte war, nach heftigen Auseinandersetzungen mit ihm, zusammen mit ihren vier Töchtern im «Feindesland» München zurückgeblieben. «Cosima außer sich», vertraute Wagner seinen geheimen «Annalen» an, «große Niedergeschlagenheit». An seine Leipziger Begegnung mit dem begeisterten Studenten erinnerte nur der Eintrag «Dr. Nitzsche», womit Wagner der akademischen Wirklichkeit um fünf Monate vorausgeeilt war.

Die Kindheit der Francesca Gaetana Cosima Liszt, 1837 als unehelicher Sproß einer Liebesaffäre geboren, deren Ende sie traumatisch miterlebte, stand nicht, wie die Nietzsches, im Zeichen des Hades, sondern der Verlassenheit. Aufgezogen von der österreichischen Großmutter und wechselnden Gouvernanten, litt sie darunter, daß sie «weder Vater noch Mutter gehabt». Ein Opfer der Verhältnisse wie der sieben Jahre jüngere Nietzsche, verinnerlichte sie die Rolle, in die sie hineingeboren wurde, so weit, daß sie sich schon im Mädchenalter mit der Elisabeth aus Wagners «Tannhäuser» identifizierte, jener Operngestalt, deren einzige Bestimmung darin besteht, sich für einen anderen aufzuopfern, deren einziger Gedanke der Erlösung aus den Banden des Fleisches gilt; die nur eines ersehnt: Heilige oder Märtyrerin zu werden. Die Rolle blieb Cosima fürs Leben.

Ihr Vater Franz Liszt, der aus ihrer Kindheit verschwand, als wäre er gestorben, war Europas erfolgreichster Pianist und ein Herzensbrecher dazu. Seine drei Kinder, die ihn nur an die Exgeliebte erinnerten, hätte er am liebsten vergessen. Dafür stieg er in der Erinnerung der lebenslustigen Blandine-Rachel, der – nach Ansicht ihrer Mutter Marie d'Agoult – «weniger hübschen und vor allem nicht so vornehmen» Cosima und des kränklich-scheuen Daniel zum inbrünstig angebeteten Idol auf, dessen Rückkehr man jahrelang vergeblich herbeisehnte. Briefe wurden gewechselt, zärtliche der Kinder, strenge des Vaters, die von allen Enden des Kontinents nach Paris kamen. Nur er selbst kam nie. Dafür dekorierte Großmutter Anna die kleine Wohnung zum Weihetempel für den Genius ihres Sohnes um: Überall hingen seine Porträts, Auszeichnungen, Lorbeerkränze; auf Podesten standen Marmorbüsten, als feierte man einen Toten. Wären nicht seine gelegentlichen Botschaften gewesen, die Kinder hätten es glauben können.

Mutter Marie d'Agoult, eine Adlige von nicht ganz lupenreinem Stammbaum, hatte sich einst leidenschaftlich in die glamouröse Affäre mit dem ungarischen Tastenvirtuosen gestürzt, den Bruch mit ihrer standesbewußten Familie lächelnd in Kauf genommen und war, nach dem Scheitern ihrer Domestizierungsversuche, denen Liszt einfach davonlief, nun ihrerseits den drei Kleinen davon- und zurück in die Arme ihrer Familie gelaufen. Der nur in der Erinnerung lebende Vater bestimmte fortan als oberste Richtlinie der Kindererziehung, daß die Mutter nicht einmal mehr in der Erinnerung existieren durfte. Marie d'Agoult wurde totgeschwiegen.

Auch sie schwieg ihre Kinder tot. Der strengen, aus einem Frankfurter Bankhaus gebürtigen Mutter konnte sie die Liszt-Nachkömmlinge schon deshalb nicht präsentieren, weil für die Comtesse de Flavigny ihre Enkel «einfach nicht existierten». Liszt wiederum war viel zu beschäftigt mit Konzertreisen und Liebschaften, um noch Zeit für die kleine Familie in der Pariser Mietwohnung zu finden. Zudem hatte er sich 1847 einer verheirateten Intellektuellen angeschlossen, die er in Rußland kennenlernte und bis zum Ende seines Lebens nicht mehr loswerden sollte: Fürstin Carolyne von Wittgenstein, die als fanatische Christin mit den Liszt-Kindern praktische Nächstenliebe hätte üben können, wäre sie nicht genauso herzlos wie deren Mutter gewesen und außerdem auf ihre Tochter fixiert, die sie mit in die Verbindung brachte.

Liszt, der die eigenen Töchter mied, übernahm die kleine Marie Wittgenstein, genannt Magnolette, an deren Stelle, und schrieb ihr in einer Art Liebesbrief, «daß sie die Anmut, die Freundlichkeit und Weisheit, ja sogar die Vollkommenheit in Person» sei. «Mein Glück besteht darin, mich immerfort rückhaltlos an Ihnen zu entzücken.» Dem Beschluß der frommen Fürstin, seine eigenen Kinder in strenge Erziehung zu geben, setzte er nichts entgegen. Bald wurde die Gouvernante der Wittgenstein, eine 72jährige Greisin, per Bahn in Marsch gesetzt, um die drei Elternlosen mit der forcierten Lieblosigkeit des Ancien régime in die Zucht zu nehmen. Für Cosima bedeutete das nichts Neues, da ihr Schicksal zu sein schien, «daß seit meiner Geburt ich mich zu fügen hatte». Zugleich verschlechterte sich die Beziehung zum Vater, der sich in Cosimas Augen von der Stiefmutter gängeln ließ. Wegen des Verhältnisses zur Wittgenstein, schrieb sie später, «sind wir Kinder, die wir ihn anbeteten, beständig und hart von ihm abgewiesen worden». Was für Nietzsche der wiederkehrende Alptraum des toten Vaters, wurde für Cosima der von ihr selbst so genannte «Alp» der sehr lebendigen Stiefmutter Carolyne Wittgenstein.

Als Cosima in die Pubertät kam, tauchten ihre Eltern wieder auf. Zuerst die Mutter aus der «Maison Rose», die ihre Kinder heimlich einlud, am Glanz ihrer Luxusexistenz stundenweise teilzuhaben. Die vornehme Maman führte, als blonde Variante der George Sand, das Leben einer Schriftstellerin, die sich unter dem männlichen Pseudonym Daniel Stern mit französischer Revolutionsgeschichte und ihrer berühmt gewordenen Liszt-Affäre beschäftigte, Zigarillos rauchte und einen splendiden Salon unterhielt, in dem sich drängte, was in Literatur und Kunst en vogue war – auch Wagner hatte einmal vorgesprochen und über sein Lieblingsthema, die Menschheitsbefreiung, doziert.

Für die vernachlässigten Kinder wurden die Visiten bei der literarischen Mutter zum kurzen Rausch, der mit der Rückkehr ins Gefängnis der Gouvernanten endete. Gelegentlich führte die Mutter ihre Kinder in den Louvre oder die Comédie-Française, ließ sich auch die neuesten Wagner-Stücke von ihnen vorspielen. Cosima erschienen die kurzen Nachmittage wie «das Reich der Seligkeit».

Auch vom Vater kamen frohe Nachrichten. Liszt wollte, nach achtjähriger Abwesenheit, zu den Kindern zurückkehren. Er reiste im Oktober 1853 an, doch nicht allein: Die Stiefmutter hielt Einzug in den Weihetempel, neben ihr die hübsche, à la mode gekleidete Magnolette, die sich – 16jährig und damit genauso alt wie Cosima – von Liszts Freund Richard Wagner den Hof machen ließ. Ihr zu Ehren würde er sein neues Drama «Der junge Siegfried» vortragen.

Die frühreife Magnolette stach die scheuen Liszt-Töchter in ihren Lyzeums-Kleidchen auch bei ihrem Vater aus, der sie, statt Blandine-Rachel oder Cosima, auf die begehrten Kutschfahrten in die mondäne Gesellschaft mitnahm. «Ganz natürlich» habe sie das gefunden, sagte Cosima später, «meine ganze Jugend war ein Zuhausebleiben». Auch Marie Wittgenstein fand das im Rückblick angemessen: Cosima habe «noch ziemlich ungeschliffen und mit verschreckten Rehaugen in die feindliche Welt» geblickt, «im ärgsten Backfischstadium – groß und eckig, gelb mit breitem Mund und langer Nase». Als Magnolette sich die Freiheit nahm, Wagner nach einer seiner gefürchtet langen Dichterlesungen einen Lorbeerkranz aufs Haupt zu setzen, bemerkte sie «Cosimas verzücktes Gesicht», der «die Tränen über ihre spitze Nase liefen». Mit dem giftigen Unterton der Nebenbuhlerin fügte sie hinzu: «Damals hatte Wagner noch keinen Blick für das häßliche Kind.»

Die gehemmte Cosima konnte auch explodieren. Ausbrüche von Jähzorn wechselten mit «krankhaften heftigen Zärtlichkeiten», wie Wagner sie später staunend erleben sollte. Den Mangel an äußerem Liebreiz, der ihr den Namen «Storch» einbrachte, glich sie durch geschickte Selbstinszenierung und ein altkluges Comédie-Française-Pathos aus. Blandine-Rachel verspottete sie deshalb als «die Theatralische», Magnolette bemängelte, daß sie durch «hohes

Selbstgefühl wie durch angeborene Schärfe verletzte», weshalb sie Männer «unweiblich schalten». Es waren die Waffen einer ewig Zurückgesetzten.

So schnell der Vater aufgetaucht war, verschwand er wieder – was nicht bedeutete, daß er seine Kinder nun dem «schlechten Einfluß» ihrer Mutter überließ. 1855 wurde dem kleinen Besuchsverkehr durch ein Täuschungsmanöver ein Ende gesetzt: Scheinbar zu ihrem Vergnügen lud Liszt die Töchter auf die Weimarer Altenburg ein, wo er, seine bigotte Geliebte und die kokette Magnolette in hochherrschaftlichem Ambiente residierten. Kaum war die Wiedersehensfreude verrauscht, erwies sich die Einladung als Entführung: Statt zurück in ihre Heimat und zum geliebten Bruder Daniel wurden sie nach Berlin zu einer neuen Erzieherin, Franziska von Bülow, geschickt, ohne Aussicht, in absehbarer Zeit wieder freizukommen. Carolyne, die Machtpolitikerin, benutzte die Mädchen als Schachfiguren im Spiel gegen ihre Erzfeindin Marie d'Agoult. Ein weiteres Mal sah sich Cosima verraten und in ein Gefängnis gesteckt.

Nach ihrer Scheidung vom Baron herrschte im Hause von Bülow die reizbare Franziska, ihrem Sohn Hans in «Affenliebe» zugetan, der seinerseits die Zukunftsmusiker Franz Liszt und Richard Wagner an Vaterstelle angenommen hatte. Für die Liszt-Töchter spielte Franziska hinfort die Anstandsdame, Sohn Hans den Klavierlehrer. Früher oder später, das durfte man von dem Liszt-Schüler erwarten, würde er sich eine der beiden zur Geliebten oder gar Ehefrau nehmen. Vater Liszt kam das, trotz scheinbaren Widerstrebens, zupaß: Heiratete eine von ihnen den jungen Baron, erledigte sich ihre illegitime Herkunft, würde sie dem Einflußbereich ihrer Mutter entzogen und endgültig seinem eigenen – und dem der herrschsüchtigen Wittgenstein – zugeschanzt. Denn den Zukünftigen einer seiner Töchter betrachtete Liszt seit langem als seinen musikalischen Erben.

Schon sechs Wochen nach der Zwangseinweisung ins Bülowsche Haus im Oktober 1855 war die Wahl entschieden, führte der Vater seine in Liebessachen vermutlich unerfahrene 17jährige Tochter Cosima dem Lieblingsschüler zu. Zufällig hatte Hans von Bülow an diesem Abend die «Tannhäuser»-Ouverture seines «väterlichen Freundes» Wagner dirigiert und war ausgepfiffen worden. Während die Damen deprimiert in ihr Haus in der Wilhelmstraße zurückkehrten, nahm Liszt den unglücklichen Hans zu einer Männertour durchs nächtliche Berlin mit, um ihn danach zu Hause abzuliefern. Um zwei Uhr morgens, so formulierte er listig, «habe ich Hans in seine Türe in der Wilhelmstraße geschoben. Es war noch Licht, aber ich bin nicht hinaufgegangen.»

Das Licht kam von Cosima. Sie hatte sich geweigert, schlafen zu gehen. Aufgewühlt vom zukunftsmusikalischen Opfergang ihres Klavierlehrers, wollte sie sich vermutlich selbst zum Opfer bringen und erwartete seine Rückkehr wie Wagners Elisabeth die des sündigen Tannhäuser. «Mitleid», so sagte sie später, sei im Spiel gewesen, und wohl auch der Entschluß, sich ein für allemal dem Regiment der nervösen Franziska zu entziehen. Alle hatten kalkuliert, und am nächsten Morgen war die Mesalliance da.

Wie Cosima, an blinde Erfüllung des väterlichen Willens gewöhnt, seinem Liebling – und damit auch ihm selbst – sich hingegeben haben dürfte, so umarmte dieser in der Tochter sein angebetetes Vorbild. «Der Gedanke, mich Dir, den ich als den hauptsächlichen Urheber und Erreger meines gegenwärtigen und zukünftigen Daseins betrachte, noch mehr zu nähern», schrieb er an Liszt, als hätte er sich mit diesem und nicht mit der Tochter verlobt, «faßt alles Glück» zusammen, «das ich hinieden erwarte». Nicht nur die «Trägerin Deines Namens» sei Cosima für ihn, sondern «ein treuer Spiegel Deiner Persönlichkeit». Das erotische Verwechslungsspiel fiel der jungen Braut auch deshalb nicht weiter auf, weil ihr ja selbst die Vergötterung des Vaters anerzogen worden war. Ihren mutmaßlichen Liebesakt in der Nacht des «Tannhäuser»-Debakels hatten Cosima und Hans auf dem Altar des gemeinsamen Idols Franz Liszt dargebracht.

Nicht zufällig war es Wagners romantische Oper von Venus-Dienst und himmlischer Vergebung gewesen, die Cosimas Hingabereflex ausgelöst hatte. Seit langem kannte sie die Klaviertranskription ihres Vaters, aus der sie auch der Mutter in der Maison Rose vorgespielt hatte. Wagners ekstatisch-hochgepeitschte Venusberg-Vision, die in den frommen Pilgerchoral überging, drückte am besten Cosimas Verhältnis zur Musik aus: Weil das Ertönen des Klaviers seit ihrer frühesten Kindheit die Sehnsucht nach den fernen Eltern wachgerufen hatte, geriet sie beim Anhören entsprechender Klänge in einen tranceartigen Zustand aus sublimiertem Begehren und schmachtendem Erlösungsverlangen.

«Es ist etwas Furchtbares um gewaltige Kunsteindrücke», schrieb sie, denn «sie entfesseln in uns den Dämon» – Worte, die von Nietzsche stammen könnten, für den Musik der Ausdruck des Dionysischen war, das alle Grenzen überschreitet, Geschlechtsunterschiede verwischt, den Hörer in einen Wirbel göttlicher Ekstase reißt. Hinterher, so wußte auch Cosima, erscheine das Alltagsleben «plötzlich unerträglich», das «grellste Licht» sei «auf die Absurditäten des Daseins geworfen». Auch für Nietzsche war lange Zeit Wagner die Droge, die den Rausch brachte. «Genau das meine ich mit dem Wort ‹Musik›, wenn ich das Dionysische schildere, und nichts sonst!» schrieb er später. Wie der Pastorensohn geriet auch die Tochter des Abbé Liszt gelegentlich in Trance, sah, wie er, Gespenster und galt in ihrer Familie als «somnambul». Ihre delphischen Absencen, bei denen sie aus tiefer Geistesabwesenheit zu sprechen begann, beeindruckten auch Wagner, der seit seiner Kindheit und der Bekanntschaft mit Webers «Freischütz» eine Vorliebe fürs Schauerliche pflegte.

Zwei Jahre nachdem Liszt seinen Schüler «in seine Türe

«Weder Vater noch Mutter gehabt»: Cosima litt ihr Leben lang darunter, daß sich ihre Eltern Franz Liszt und Marie d'Agoult kaum je um sie gekümmert hatten. Gouvernanten erzogen sie dazu, den abwesenden Vater zu vergöttern – die Aufnahme stammt aus dem Jahr 1867

geschoben» hatte, fand die Hochzeit statt, ohne die Mutter, die nicht eingeladen war, und ohne die Großmama, die aus Paris signalisierte, man habe es hier durchaus nicht mit einer brillanten Partie zu tun. Das war noch untertrieben. «Ich weinte in der Nacht vor meiner Hochzeit zwölf Stunden lang», erzählte Cosima, und obwohl sie pflichtschuldig betonte, daß sie ihren Hans «mit ganzer Seele liebte», ließ sie doch keinen Zweifel an dem tiefer liegenden Motiv: «Mir schien, als brächte ich ein großes Opfer.»

Da der Bräutigam das Bedürfnis hatte, die Flitterwochen mit einem Menschen zu verbringen, den er wirklich liebte, fuhr er zu Richard Wagner, und Cosima durfte mit. Drei Wochen lang erlebte die 20jährige Braut, wieviel ihrem Gatten Wagners neue «Siegfried»-Komposition bedeutete, die Hans als «wahre Erlösung aus dem Weltkote» empfand. In dem freilich schien der Meister selbst tief zu stecken. Wagner leistete sich, vor den Augen seines Züricher Gastgebers Otto Wesendonck, eine Affäre mit dessen Frau Mathilde, während Wagners biedere Minna, von Eifersucht zerfressen, kalte Getränke servieren durfte; kehrte der Komponist nächtens zu Minna zurück, verfiel Mathilde in Eifersuchtskrämpfe. Seine schlechte Laune ließ Wagner auch an Bülows scheuer Gattin aus, die er mit seinen Neckereien noch ängstlicher machte.

Hans hatte nur Augen für ihn: «Ich wüßte wirklich nichts zu nennen», schrieb er aus den Flitterwochen, «was mir solche Wohltat, solche Erquickung gewähren könnte», als – nicht etwa die Liebe zu seiner frisch Angetrauten, sondern «das Zusammensein mit dem herrlichen Manne, den man wie einen Gott verehren muß.» Gleich nach seiner Rückkehr berichtete er dem göttlichen Manne von der Lektüre des «Tristan»-Textes, er «feiere ganz andere als die gewöhnlichen Flitterwochen, und meine Frau ist nicht eifersüchtig». Hier täuschte sich der Schwärmer, wie Wagner nicht verborgen blieb. Seinem «Schatz» Mathilde Maier verriet der Komponist, Bülow sei ihm «mit einer Zartheit und Innigkeit von seiner frühesten Jugend an ergeben, die seine Frau sogar eifersüchtig auf mich macht».

Längst hatte sich Wagner-Apostel Hans von Bülow im Labyrinth seines Herrn verlaufen, und statt sich von seiner jungen Frau den Ausweg zeigen zu lassen, lockte er sie selbst in die dunklen Gänge des verführerischen Genies. Wagner suchte Opfer, und niemand eignete sich dafür besser als das junge Paar. Hans war ihm verfallen, und Cosima, die seit der Hochzeit immer wieder an Selbstmord dachte, wartete nur auf eine Gelegenheit, ihrem Leben an Bülows Seite, auf welche Weise auch immer, ein Ende zu bereiten. Nach einem mißglückten Ausbruchsversuch aus dem neuen Gefängnis hatte sie den ungeeigneten Liebespartner, Wagner-Freund Karl Ritter, angefleht, sie umzubringen, andernfalls sie sich im Genfer See ertränken werde. Wagner schrieb später über Cosimas Todessehnsucht, er kenne «sie immer eigentlich am Abgrund stehend, und jeden Augenblick bereit, sich da hinein zu stürzen».

Statt dessen stürzte Cosima sich auf ihn, von dem sie wußte, daß er, wie sein Tannhäuser, «im Venusberg geweilt» und die Elisabeth, die ihn erlöste, nie gefunden hatte. Ihr Gatte Hans, der im Irrgarten seines Wagner-Kultes herumtaumelnde Liebhaber, ermunterte sie noch dazu. Als die Musikbesessene dem Komponisten in Zürich, wie Magdalena dem Erlöser, zu Füßen fiel und seine Hände mit Tränen und Küssen bedeckte, fiel und küßte ihr Gatte mit. «Nun fürchtet sie immer», schrieb er hinterher dem Objekt ihrer gemeinsamen Begierde, «Du hieltest sie für kindisch und allzu unbedeutend, um Dich lieben zu können und Dich zu verstehen, und sie ist doch eine von den sehr wenigen, die das gerade vermag.»

So bringt man Menschen dar. Nur daß in diesem Fall das Opfer freiwillig zum Götzen lief und immer neue Mittel ersann, wie Wagner-Freund Peter Cornelius später beobachtete, um den Herrn des Labyrinths «zu fesseln. So verfiel sie oft, wenn Wagner etwas vorgespielt oder vorgelesen hatte, in einen den Somnambulen ähnlichen Zustand, in dem sie prophetische Worte flüsterte, wodurch dann Wagner mächtig angezogen ward.»

Bülow hatte nichts dagegen. Wie er sich durch Cosima an Liszt gebunden fühlte, bildete sie nun auch den Klebstoff, der ihn mit dem größeren Genius zusammenhielt. Nicht lange bevor der Genius die Bülow-Gattin zum ersten Mal schwängerte, versicherte der Jünger seiner Schwester, die Ehe sei «von meiner Seite eine ganz gewiß überraschend glückliche». Er selbst, als «eine ins Weibliche hinüberstreifende Natur», habe in Cosima allerdings eine Frau gefunden, die «leider so wenig meiner Beschützung» bedarf, «daß sie vielmehr mir dieselbe bietet». Bald ist nicht mehr der Mann die treibende Kraft hinter der gemeinsamen Wagner-Idolatrie, sondern sie, die beim «Tristan» in Trance fällt und beim «Lohengrin» Tränen vergießt, um sich am nächsten Morgen, mit sicherem Geschäftsinstinkt, um die Vermarktung der Wagnerschen Werke zu kümmern. «Beide Gatten», so wird Peter Cornelius in München bemerken, wo die Bülows mit ihrem Idol ein historisches Intermezzo aufführen sollten, haben sich «völlig mit Wagner identifiziert».

Es war nur eine Frage der Zeit, bis Cosima dem Ältesten wie eine reife Frucht in den Schoß fiel. Bei ihm erlebte sie endlich das, was ihr mit dem steifen Bülow, der laut Cosima nicht wußte, «was einer Frau wohl- und wehtut», versagt geblieben war. Wenn sie später das Unvermeidliche an diesem Ehebruch betonte, so trifft das von ihrer Seite aus zu: Dank des Zwischengliedes Hans von Bülow war *ein* Vateridol an die Stelle des anderen getreten – wo Liszt war, sollte hinfort nur noch Wagner sein. Für diesen war die Liaison, auch wenn er das später nicht mehr wahrhaben wollte, nur eine von vielen, Bülows Gattin nicht die einzige, die sich in seinem Labyrinth verirrte. Im November 1863, als Cosima und Richard angeblich «unter Tränen und Schluchzen» beschlossen, «uns einzig gegenseitig anzugehören» – so diktierte er es ihr später in die Goldfeder –, wandelten, in abgelegenen Regionen seines Irrgartens, die ältere Freifrau von Bissing, die jüngere Marie von Buch, genannt «Mimi», seine Wiener Mätresse Marie, die auch als Tänzerin bekannt war, nach wie vor die «Tristan»-Muse Mathilde Wesendonck, die schwerhörige Mainzerin Mathilde Maier und die überspannte Schauspielerin Friederike Meyer, nicht zu vergessen die abgehalfterte Gattin Minna, die bald darauf sterben sollte. Jede von ihnen hatte irgendwann geglaubt, «einzig» ihm anzugehören, oder hoffte es noch. An die hagere Cosima von Bülow als Siegerin im Paarungskampf dachte damals keine.

Erst als sie – zum dritten Mal – schwanger und der über fünfzigjährige Wagner zum ersten Mal Vater wurde, gewann das Verhältnis an Exklusivität, bis schließlich durch die von Cosima geschürte Eifersucht – nicht auf ihren Mann, sondern auf ihren Vater – Wagner in einen dauerhaften Liebesbund gezwungen wurde, über den er 1869, bei Geburt seines dritten Kindes Siegfried, sagen konnte: «Der Weltgeist wollte, daß ich den Sohn von Dir bekomme ... Wir selbst sind ihm gezwungen gefolgt, ohne ihn zu verstehen.»

Der betrogene Gatte mit dem schnell wachsenden «Gebäude seiner Hörner», der das Spiel amüsiert begonnen, dann mit langsam vereisender Miene geduldet hatte, sieht sich endlich, «seit sechs Monaten allein als Garçon lebend», im Abseits. Glaubte ihr gemeinsamer Freund Cornelius entdeckt zu haben, daß die Abtretung Cosimas an Wagner «in einem hochromantischen Einverständnis» der Männer erfolgt sei, gab es doch hinter den Kulissen böses «Zähneflätschen», wie Wagner in den «Annalen» notierte. Denn in der Theorie ließ sich die Gattin leichter teilen als in der Wirklichkeit – und daß sie sich in Cosima teilten, hat bei einem späteren Vaterschaftsprozeß die Hausangestellte Wagners bestätigt. Als Bülow im Sommer 1864 Wagners Schlafzimmertür, hinter der er die beiden wußte, verschlossen fand, habe er die Fassung verloren. «Er warf sich auf den Boden nieder», gab die aufmerksame Anna Mrazek zu Protokoll, «schlug mit Händen und Füßen um sich und schrie laut.» Es folgten, auf Bülows Seite, Nervenzusammenbrüche, wechselnde Krankheitsbilder psychosomatischer Natur, die ihm das Leben zur Hölle machten, bis Wagner, der damals seine Tochter Isolde zeugte, eine Bülow bevorstehende «totale Lähmung» konstatierte: «Er ist – elend, fast verloren, wie die Mücke, die sich im Licht verbrennen muß.»

Ein Bild nach seinem Geschmack: Seine Hoheit, Richard Wagner, als Gott Zeus, an dem der gemeine Sterbliche, wie einst Semele, zu Asche verbrennt. In München, wo das anrüchige Paar, zusammen mit Hahnrei Bülow, auf Königskosten Station machte, zog man schonendere Metaphern vor: Bülow wurde als Spartanerkönig Menelaos karikiert, dem Paris die schöne Gemahlin Helena raubt; man wollte in ihm auch Wagner-König Marke erkennen, dem in «Tristan und Isolde» der Titelheld die Titelheldin abspenstig macht. Der Wahn der Dichtung ging nahtlos in die Wirklichkeit über; Bülow, der das Werk liebte, den Klavierauszug in aufopfernder Arbeit geschrieben und die umjubelte Münchner Uraufführung geleitet hatte, erkannte in Wagners Ehebruchsoper die «Quelle des Unheils», das ihn getroffen hatte. «Das beste wäre», so schrieb er damals, «es schenkte mir eine mitleidige Seele das genügende Quantum Blausäure!» Später allerdings würde er seine Genugtuung darüber ausdrücken, «daß ich der liebenswürdigen Einladung meines Freundes Richard Wagner zum ‹Selbstmord› ... nicht entsprochen habe».

Als Nietzsche ihn 1872 in Basel besuchte, bekam er Bülows jahrelang aufgestauten Zorn auf Wagner zu spüren. Nietzsche-Schwester Elisabeth weiß von der Begegnung zu berichten, sie sei «nicht ohne Peinlichkeiten» vonstatten gegangen, da «einige sehr scharfe Bemerkungen Bülows» ihren

Bruder «in große Verlegenheit» versetzt hätten. Erst dann weihte der sarkastische Bülow seinen jungen Gast in eine etwas versöhnlichere Deutung des Konflikts ein, indem er «sich in die griechische Sagenwelt versetzte und sein Verhältnis zu Wagner und Cosima in dem folgenden Gleichnis schilderte: Cosima war Ariadne, Bülow Theseus und Wagner Dionysos». Womit der neue Theseus, so Elisabeth, nur ausdrücken wollte, «daß nach ihm der höhere, der ‹Gott›, gekommen sei».

Eine Deutung, die Nietzsche sich schon lange vor dem Besuch bei Bülow zu eigen gemacht hatte. Und noch 1887 ließ er in einem geplanten Theaterstück die Ariadne sagen, was Theseus-Bülow am eigenen Leib erfahren hatte: «Ich richte ihn zugrunde.»

Während ihr Mann sich krankheitshalber in München vom Konzertbetrieb zurückziehen mußte, lief Cosima zu nie gekannter Form auf. Als Mutter zweier Bülow-Töchter und, was ihr Mann standhaft zu ignorieren suchte, ebenso vieler Wagner-Töchter, entfaltete sie als dessen Privatsekretärin mit Prokura – in München «Brieftaube» genannt – rege diplomatische Aktivität zugunsten der Wagner-Sache. Den leidenschaftlich in den Komponisten verliebten König verwickelte sie dabei in einen umfangreichen, zwischen französischem Zeremonialstil und «Lohengrin»-Exaltation schwankenden Briefwechsel, der nur das eine Ziel verfolgte, die bayerische Monarchie vor den Karren des Theatergenies zu spannen. Zum Abbau der Widerstände, die sich ihr in den Weg stellten, verfiel Cosima sogar auf den Gedanken, sich der skeptischen Königinmutter als Vorleserin anzudienen. Nach einem Jahr voller Cosima-Intrigen hatte der duldsame König genug und stellte zwischen sich und dem Künstlerpaar den ihm angemessen erscheinenden Abstand wieder her.

Noch lange nach Wagners Rausschmiß aus München hielten die beiden vor Ludwig die Fiktion aufrecht, ihr Verhältnis sei streng auf freundschaftliche Beziehungen beschränkt.

Dabei hatte man sich in dem aus der königlichen Privatschatulle finanzierten Landhaus Tribschen am Vierwaldstätter See familiär eingerichtet und lebte als Mann und Frau mit dem gemeinsamen Nachwuchs zusammen, den man durch nachträgliche Eheschließung zu legitimieren hoffte. Doch dazu mußte Cosima erst einmal von ihrem Gatten geschieden werden.

Begleitet von den Wagner-Kindern Isolde und Eva sowie den älteren «Bülowiana», Daniela und Blandine, machte Cosima sich im Oktober 1868 zu dem schweren Gang nach München auf, wo sie Hans von Bülow die Einwilligung zur Scheidung abtrotzen wollte. Doch sie mochte flehen und drohen, soviel sie wollte, Bülow dachte vorläufig nicht daran. Denn erstens liebte er sie noch, zweitens wollte er nicht auch noch seine Töchter an Wagner verlieren, und drittens, so gab er ihr triumphierend zu verstehen, käme für sie als Katholikin eine Scheidung ohnehin nicht in Frage, was ihm Schwiegervater Liszt energisch bestätigte.

Wagner hatte das natürlich vorausgesehen und Cosima deshalb, wie er in den «Annalen» festhielt, ein «Confessionswechsel-Versprechen» abgerungen, das sie nun in schwere Konflikte stürzte.

Um ihren Vater, der als Abbé in Rom lebte und nach wie vor dem Einfluß der frömmelnden Fürstin ausgesetzt war, zu einer gnädigen Dispens zu überreden, mußte Cosima eine Pilgerfahrt in die heilige Stadt antreten – schon der Gedanke daran stürzte Wagner in eifersüchtige Panik. Als er, um den Bittgang zu verhindern, Cosimas Halbschwester Claire als Vermittlerin heranzog, brachte er seine Geliebte in Rage, die sich derlei Intrigen verbat.

In dieser peinlichen Lage – vom König verstoßen, mit der Frau zerstritten und ohne Aussicht auf Bülows Verzicht oder Liszts Segen – griff Wagner zu einem bewährten Mittel der Konfliktbereinigung: Er floh. Anfang November löste er ein Erste-Klasse-Billett nach Leipzig, um Trost im Schoß seiner

Familie zu finden. Und hier, im Salon Brockhaus, fiel ihm der zufällig geladene Herr Nietzsche auf, der ergriffen zuhörte, auswendig aus seinen Schriften zitierte und sich offenbar als Novize für den Wagner-Orden der Zukunft empfahl.

Der berauschte Novize

Wagners Landhaus Tribschen, das Nietzsche seit 1869 rund zwei dutzendmal besucht hatte, verwandelte sich in der Erinnerung des Kranken, der 1888 wie ein Seiltänzer über dem Abgrund seines Wahnsinns balancierte, in die mythische Insel Naxos. Hier war, in sagenhafter Zeit, die Prinzessin Ariadne von ihrem Geliebten Theseus verlassen worden, bis Gott Dionysos kam, um ihr den Weg in die himmlischen Gefilde zu zeigen, die eine gewisse Ähnlichkeit mit den Spiralgängen des Labyrinths haben mochten.

Nietzsches überraschende Variante dieser Begegnung, bei der Dionysos seine Partnerin nicht tröstet, sondern ungalant an den Ohren zieht, taucht – ebenso überraschend – in seiner Kampfschrift «Götzen-Dämmerung» vom Sommer 1888 auf, wo er versichert, dies neckische Zwischenspiel habe sich «bei einem jener berühmten Zwiegespräche auf Naxos begeben», welche «Prinzeß Ariadne», vulgo Cosima von Bülow, mit ihrem «philosophischen Liebhaber», dem Autor, einst geführt habe.

Die Naxos-Anspielung blieb nicht die einzige Mystifizierung, mit der Nietzsche das räumlich und zeitlich entrückte Tribschen in seine dionysischen Phantasmagorien einfügte. In seiner autobiographischen Schrift «Ecce homo», in der er der Welt offenbarte, «warum ich so weise bin», kehrte Nietzsche im Geist zur Wagner-Villa zurück, um weitere Verklärungsarbeit zu leisten. Überschwenglich preist er hier den «intimeren Verkehr mit Richard Wagner», der ihn in seinem irdischen Leben «bei weitem am tiefsten und herzlichsten erholt» habe, besonders aber jene «Tage von Tribschen …

Tage des Vertrauens, der Heiterkeit, der sublimen Zufälle ...
Ich weiß nicht, was Andre mit Wagner erlebt haben: über
unsern Himmel ist nie eine Wolke hinweggegangen.»

Dies entsprach, wie er wohl wußte, nicht der Wahrheit,
aber er wünschte es sich so sehr, daß seine entzündete Einbildungskraft es ihm vorspiegelte. Spätestens seit Bülow ihn
1872 in die Hintergründe seiner Ausbootung eingeweiht
hatte, wußte Nietzsche, «was Andre mit Wagner erlebt haben»; «Tage des Vertrauens» konnte er nur so lange genossen
haben, als er noch nicht bemerkt hatte, «daß Wagners Natur
sehr zum *Mißtrauen* neigt», wie er später schrieb; und von
der «Heiterkeit» ihres Tribschener Zusammenseins war zumindest Cosima nichts aufgefallen: Über ihren Gast verbreitete sie Jahre danach, der «arme Nachtvogel» sei «nie heiter»
gewesen, habe «nie gelacht» und den Humor des Paares nicht
begriffen.

Der Himmel über Tribschen war, um im meteorologischen Bild zu bleiben, meist stark bewölkt und entlud sich
oft in Gewittern, bei denen Gott Wagner mit Blitzen um sich
warf. Ein Idyll war Tribschen nie, und es stellt sich die Frage,
ob Nietzsche sich bei seinem mythologischen Vergleich vielleicht im Ort vergriffen hat: Nicht der Strand von Naxos
wäre das passende Bild für seine Erfahrungen gewesen, sondern das undurchschaubare Labyrinth, aus dem kein Weg
herausführt, es sei denn, man hielte den Faden der Ariadne in
Händen. Die aber hatte darüber schon anderweitig disponiert.

Das Jahr 1869, das dem 24jährigen Studenten Nietzsche
die «Bekanntschaft mit dem Herrn Minotaurus» und seiner
Geliebten in Tribschen brachte, trug von Anfang an «märchenhafte» Züge: Auf Vermittlung von Friedrich Ritschl ernannte ihn die Basler Universität zum Professor extraordinarius mit einem Jahresgehalt, das genau der Miete der Wagnerschen Villa entsprach. Dort empfing man ihn, wie es sich
gehörte, mit Zukunftsmusik. Am Pfingstsonnabend, dem

15. Mai 1869, war er per Bahn von Basel nach Luzern geeilt, um dem Paar einen unangemeldeten Antrittsbesuch abzustatten. Seine Garderobe betonte die neue Würde: Auf dem Kopf trug er einen grauen Filzzylinder, und zur dicken Gelehrtenbrille kontrastierte der Gendarmenbart wie seine trippelnden Schritte zum grimmigen Blick. Zwar sei er «halb unschlüssig» gewesen, da Wagners Einladung immerhin ein halbes Jahr zurücklag, dann aber doch zur Tribschener Landzunge hinausgewandert, wo er vor dem Haus «lange still» stand und «einen immer wiederholten schmerzlichen Akkord» hörte. Der wehe Ton, mit dem der Komponist gerade die Brünnhilden-Worte «Verwundet hat mich, der mich erweckt» illustrierte, traf die Stimmung im Haus: Wagner hatte sich wieder einmal in die Politik eingemischt und sich damit unnötigen Ärger zugezogen.

Während in Deutschland die Emanzipation der Juden gesetzlich verankert wurde, hatte Wagner seine zwanzig Jahre alte Hetzschrift vom «Judentum in der Musik» wieder auflegen lassen und ihr eine bösartige Attacke gegen den beliebten Schauspieler Eduard Devrient und dessen Erinnerungsbuch über Felix Mendelssohn Bartholdy zur Seite gestellt. Sein Kalkül, den antisemitischen Kampf anzuheizen und gleichzeitig von seiner kompromittierenden Familiensituation abzulenken, war – vorläufig – nicht aufgegangen. Freunde wandten sich von ihm ab, seine Schwester Luise schrieb ihm, daß sie «über die Judenbroschüre traurig» sei, und Bülow urteilte nüchtern, Wagner habe sich «durch seine neuen Broschüren gewissermaßen die Möglichkeit, mit der Welt zu fraternisieren, abgeschnitten». Zu seinem 56. Geburtstag, der am Wochenende nach Nietzsches Auftauchen gefeiert werden sollte, bemerkte Cosima mit Sorge, «alle sonstigen Freunde und Verwandten haben geschwiegen. Wie unschön.»

Einer schrieb und fraternisierte. Nachdem sich der Pfingstsonnabend als ungünstig herausgestellt hatte und es erst zwei Tage darauf zur ersten Begegnung mit dem Tribschener Paar gekommen war, schrieb Nietzsche seinem Idol Wagner einen hymnischen Geburtstagsbrief, in dem er beklagte, daß «fast alle Welt, mit der man verkehrt», sich «unfähig» zeige, Wagner als «Ganzheit zu fassen», während er selbst sich «beglückt und ausgezeichnet» fühle, das «Licht zu sehen», den Genius zu erkennen, vor allem aber «die Atmosphäre einer ernsteren und seelenvolleren Weltanschauung» bei ihm zu spüren, «wie sie uns armen Deutschen» durch «vordringliches Judentum über Nacht abhandengekommen war». So sein «treuster und ergebenster Anhänger und Verehrer Dr. Nietzsche, Prof. in Basel».

Den Kniefall vor Wagners Antisemitismus verband er allerdings mit einer Absage an «Frau Baronin von Bülow», die ihn zur Geburtstagsfeier eingeladen hatte. «Wie gern» wäre er gefolgt, schrieb er, «wenn nicht die leidige Kette meines Berufes mich in meiner Basler Hundehütte zurückhielte». Verglichen mit Wagners Villa samt Bootshaus und Pilatus-Blick war Nietzsches Zimmer tatsächlich «äußerst kläglich», wie selbst Schwester Elisabeth zugab, die ihm den Haushalt führte; doch nicht die Kette des Berufes war es, die ihn vom Besuch bei Wagners zurückhielt. «Leider mußte ich ‹nein› sagen», verriet er Freund Rohde, «als Dozent, nach dem Standpunkte der Tugend.»

Nicht Wagners vulgärer Judenhaß schreckte den Pastorensohn ab, sondern das illegitime Verhältnis des Meisters zu seiner Mätresse, dessen Konsequenzen auch für ihn unübersehbar waren: Cosima hatte sich dem Basler Gast hochschwanger präsentiert und dabei nicht den Eindruck erweckt, das Kind stamme von dem Mann, dessen Namen sie trug. Dies war das Skandalon, das den ängstlichen Nietzsche um seinen Ruf als «Dozent» fürchten und das Paar eine Zeitlang meiden ließ. Auch gegenüber Elisabeth verschwieg er, was ihn so peinlich berührte, bis es nicht mehr unter der Decke zu halten war. «Allmählich hatte ich begriffen», schrieb seine Schwester, «daß das Zusammenleben Wagners und der Baronin von Bülow nicht ganz ohne Anstoß war.» Noch lange nach Siegfrieds Geburt hielt sich Nietzsche mit Äußerungen darüber zurück, so daß Elisabeth, als sie zum ersten Mal nach Tribschen kam, über den Kleinen staunte, «dessen Existenz mir von meinem Bruder bis dahin verschwiegen worden war».

Auch der notorisch mißtrauische Wagner bemerkte Nietzsches «unnatürliche Zurückhaltung», die ihm um so unangehmer auffiel, als schon Cosima unentwegt über ihre schuldhafte Verstrickung grübelte und jene von ihr so genannte «Wollust des Leidens» ausprägte, die der Meister schärfstens mißbilligte. Nach der endlich erfolgten Trauung im August 1870 bemerkte Wagner süffisant, daß sich wohl keiner über die Legalisierung der Beziehung so sehr freue wie Nietzsche, der unter den «illegalen» häuslichen Verhältnissen» doch «schrecklich gelitten» habe.

Da Basel und der dortige «Zustand unterdrückter Idealität» ihn schon bald anwiderten, schob er seine altjüngferliche Empfindlichkeit beiseite und ließ sich bei Wagners als neuer Zauberlehrling aufnehmen. Bei seinem zweiten Besuch im Juni 1869 bot man dem Besucher bei «herrlichem Wetter» und «Sommerbrunst», wie Cosima notierte, volles Programm mit Kaffee im Garten und Spaziergang auf dem «Räuberweg». Am Abend überließ man sich dem Vorleseeifer des Hausherrn, der seine Schmähschrift gegen Devrient zum Vortrag brachte – nicht zufällig, da sie dem Novizen die Hauptstoßrichtungen der Wagnerschen Kulturerneuerung anschaulich machte: gegen den Sprachverfall, der sich im Schreibstil Devrients, und gegen das Judentum, das sich in seinem Gegenstand Mendelssohn ausdrückte. Wie in Leipzig hörte Nietzsche gebannt zu und prägte sich den giftigen Text für die Zukunft ein.

Auch die Tribschener Hofhaltung machte Eindruck auf den Gast. Das weiße Haus, inmitten einer «wahren Wunderwelt» von Bergen und in den See abfallenden Wiesen, beherbergte neben dem Paar und den vier Cosima-Töchtern eine Erzieherin, ein Kindermädchen, die Haushälterin «Vreneli» Stocker und ihren Mann Jacob, der sich über Nietzsches Kompositionen lustig machen sollte; dazu einen Diener, eine Köchin und ein Stubenmädchen. Auf den Dielen tummelten sich ein Neufundländer und ein Pinscher, im Stall stand Kutschpferd Fritz, demnächst auch der von König Ludwig geschenkte Gaul Grane, im Garten schrien die Pfauen Wotan und Fricka, und neben Hühnern und Schafen, Katzen und Ratten gab es auch Fledermäuse, die in Cosima, der Abergläubischen, düstere Vorahnungen weckten. Zwischendurch waren die Gästezimmer mit Wagner-Jüngern belegt, die für den Meister Partituren kopierten.

Bei Wagner-Jünger Nietzsches erster Übernachtung kam, von ihm angeblich unbemerkt, ein weiterer Bewohner hinzu. «Nachher erfahren», notierte Nietzsche, «daß in dieser Nacht Siegfried geboren wurde.» Eigentlich hatte Wagner ihm, wegen der bevorstehenden Niederkunft, absagen wollen, doch Cosima bestand auf dem Besuch. Den Basler Professor, von dem sie überzeugt war, daß er aus Wagners «Oper und Drama in seinen Vorlesungen zitiert», wollte sie in diesen Zeiten der Ächtung nicht auch noch verlieren. So spielte man ihm erhabene Wagner-Welt vor und täuschte über die Wirklichkeit hinweg.

Es kriselte zwischen dem Paar. Eifersüchtig auf die Töchter, denen Cosima sich «hinopferte», hatte Wagner immer wieder Streit provoziert, den Kindern Hausarrest erteilt, der Frau «die Stickerei» verboten – «er glaubt, sie greife mich an» –, weil er nicht ertragen konnte, daß man sich mit etwas anderem als ihm beschäftigte. Cosima hatte mit erneuten Klagen über das Schicksal ihres Gatten Hans und die ungewisse Zukunft ihrer Kinder geantwortet, da «Richard durch seine Unfähigkeit, sich zu beschränken, nicht wird für sie sorgen können». Auf die «Todesstimmung», die sie ihrem

Tagebuch anvertraute, reagierte er mit «Todesangst», die er, zu ihrem Ärger, in dasselbe Buch eintrug. Ihn bedrängte sein altes Kindheitstrauma, verlassen zu werden, das sich in diesen Tagen zur Panik steigerte, weil Cosima sich weigerte, in die neu eingerichtete gemeinsame Wohnung mit benachbarten Schlafzimmern zu ziehen. Ihr Entschluß, im obersten Stockwerk zu bleiben, da «die allerdings früher zwischen uns verabredete Nähe seines Schlafzimmers an dem meinigen, jetzt, da die älteren Kinder hier seien, mir peinlich wäre», stimmte ihn «bitter»; bepackt mit Kissen und Decken zog er allein nach unten. Cosima, die unmittelbar vor der Niederkunft stand, fühlte sich, als hätte er ihr «den Gnadenstoß» versetzt; Wagner sann über Beethovens Tod «im 57. Lebensjahre» nach: So alt war er jetzt selbst, und die Zeichen standen auf Götterdämmerung.

Da klopfte Freund Nietzsche an die Tür. Die Schwangere, immer noch im «Zustand der Betäubung», folgte seinen Worten nur mit Mühe – «wie ein weites fernes Echo vernehme ich alles» –, zog sich jedoch erst zurück, nachdem man mit dem Gast «den Abend erträglich» zugebracht und ihm «gegen elf Uhr Gute Nacht» gewünscht hatte. Als gegen drei Uhr morgens die Hebamme kam, hielt es Wagner nicht länger in der unteren Wohnung. «Er stürzt herein», so steht es in Cosimas Tagebuch, «und findet mich bereits unter der Behandlung der Amme in den wütendsten Schmerzen. Ich erschrak, da ich ihn plötzlich vor mir stehen sah und ein Gespenst zu erblicken wähnte, wendete mich entsetzt ab und trieb ihn somit aus der Kammer.»

Den beklemmenden Vorfall während Siegfrieds Geburt hat Wagner aus der Sicht seiner Frau in ihr Buch eingetragen, offensichtlich ratlos über die heftige Reaktion, die er auslöste. War es ihr anhaltender Groll über seine Reizbarkeit, die ständigen Mäkeleien, nach denen sie sich wie «vernichtet» vorkam? Oder erinnerte sie sich an die Geburt ihrer zweiten Bülow-Tochter, Blandine, die, wie sie später berichtete,

«Herr Meister und Frau Meisterin»: So nannte Nietzsche das Ehepaar Richard und Cosima Wagner – hier in Wien 1872 –, das große Hoffnungen in den hochbegabten Jungakademiker setzte: als Chefpropagandist des Bayreuther Unternehmens und Erzieher ihres Sohnes Siegfried

«beinahe als Drama geendet hätte, wegen der beispiellosen Rücksichtslosigkeit der Schwiegermutter», die die Gebärende im Stich ließ? Oder war es, wieder einmal, ihr Schuldkomplex wegen Hans, dessen Rückkehr sie halluzinierte?

Wagner, ins Nebenzimmer vertrieben, wurde «Ohrenzeuge des Entbindungsvorganges», hörte den «Jammer der gebärenden Mutter» – Nietzsche muß wohl Chloral genommen haben, um davon nicht aufgeweckt zu werden – und endlich Vrenelis Ruf «Ein Sohn ist da», worauf sich Triumphgefühl, Tränenausbruch, Sonnenaufgang und Frühgeläute der Luzerner Sonntagsglocken einstellten. Wagners «feierliche Ergriffenheit» ging so weit, daß er die Abreise des ungelegenen Gastes am selben Tag zu erwähnen vergaß. Einen bleibenden Eindruck hatte der ohnehin nicht hinterlassen. Was haftete, war der Name seines Freundes Erwin Rohde. Während Cosima in den Wehen lag, hatte Nietzsche seinem nervösen Gastgeber Rohdes Briefe vorgelesen, in denen sich dieser als begeisterter Jünger zu erkennen gab. Nach ihrer Genesung bat Cosima nun gelegentlich darum, ihr «die Zeilen Ihres Freundes mitteilen» zu wollen, «die Sie neutlich Herrn Wagner gelesen haben».

Über das turbulente Wochenende berichtete Nietzsche dem Freund gleich nach der Rückkehr, er habe sich dort «erstaunlich erquickt gefühlt», und über ihr gemeinsames Idol Wagner, er mache «alles wahr, was wir nur wünschen konnten: die Welt kennt gar nicht die menschliche Größe und Singularität seiner Natur» – Übertreibungen, die auch damit zusammenhingen, daß ihm schon nach sechs Wochen die Professur zur Last, die Stadt Basel «so recht fremd und gleichgültig» geworden war und allein die «Nähe Wagners mein Trost» blieb. Weshalb er auch über jene «armseligen Äußerlichkeiten und Flecken» hinwegsah, «mit denen ihn die lasterhafte Frau Fama behängt hat».

Es kamen die Tage jener «berühmten Gespräche auf Naxos» zwischen Cosima-Ariadne und dem Novizen Nietzsche, der sich damals über seinen mythologischen Part noch nicht schlüssig war; Gespräche, als deren Hintergrundmusik die «Nibelungen»-Harmonien des komponierenden Hausherrn erklangen, der außerhalb seiner Arbeitsstunden alle Aufmerksamkeit für sich beanspruchte. Von den Gesprächen der beiden anderen ist leider nichts überliefert. Nur Nietzsches Schwester erinnerte sich an einen Tribschener Spaziergang mit beeindruckender Konversation. «Die Sonne war am Untergehen», schrieb sie im «Gartenlauben»-Stil, «aber schon stand der Mond voll und klar über dem leuchtenden Schneefeld des Titlis.» Auf dem Räuberweg am Seeufer entlang wandelten «Frau Cosima und mein Bruder – Cosima in einem rosa Kaschmir-Gewand mit breiten echten Spitzenaufschlägen, die bis zum Saum des Kleides hinabgingen; am Arm hing ihr ein großer Florentinerhut mit einem Kranz von rosa Rosen», der, wie auch das kostbare Kleid, den luxuriösen, in Rosatöne verliebten Geschmack Wagners verriet, dessen Raffinement sich regelmäßig an den neuesten Pariser Modejournalen schulte. Er selbst trug bei jenem Abendspaziergang sein samtenes «Künstlerbarett» auf dem Kopf, dazu einen «schwarzen Samtrock» mit «lichtblauer Atlaskrawatte». Da Elisabeth durch den Meister an ihrer Seite in Anspruch genommen war, entging ihr das Gespräch der beiden anderen, und so verfiel sie auf den Kunstgriff, «alle in ein träumerisches Schweigen» versinken zu lassen.

Erst am Ziel der Promenade, «auf dem höchsten Punkt des Besitztums», wurde der «Bann des Schweigens gebrochen»: «Wagner, Cosima und mein Bruder begannen zu reden, von der Tragödie des menschlichen Lebens, von den Griechen, den Deutschen, von Plänen und Wünschen», und das auf so unvergleichliche Weise, daß die stumme Zeugin versicherte, bei keiner Unterhaltung «drei so verschiedener Menschen einen gleichen wundervollen Zusammenklang wiedergefunden» zu haben. Was genau sie so bezaubert hatte, war Elisabeth nicht mehr erinnerlich. In Cosimas Tagebüchern, die sonst nicht mit Kleinigkeiten geizen, sobald nur der Meister seinen Kommentar dazu gegeben hat, tauchen Spaziergang und Gespräch mit keinem Wort auf.

Der Name Nietzsche erscheint dagegen häufig, orthographisch fehlerhaft und selten so, wie er sich wohl erhoffte: als knappe Erwähnung zumeist, die seine Anwesenheit registriert, oft genug mit kritischem Unterton, der nicht dem «Freund» gilt, als der er sich selbst sieht, sondern einem neuen Gefolgsmann mit der Neigung, sich der Präsenzpflicht zu entziehen. Nur wenn er sich anstellig zeigt, für seinen Gott die Trommel rührt, klingt Gefühl mit. Doch gewöhnlich steht nur der Name samt Titel da, auf den man in Tribschen soviel Wert legte. Ende Juli 1869 – man sollte sich nun schon kennen – wird im Tagebuch der «Besuch des Professor Nietsche» vermerkt, der als «wohlgebildeter und angenehmer Mensch» zu gefallen weiß; am nächsten Tag erscheinen Mann und Titel «zu Tisch» und wirken wieder «sehr angenehm». Weniger erfreut Nietzsche mit der Bemerkung, im Oratorium der heiligen Elisabeth finde er «mehr Weihrauch als Rosenduft», da er damit nicht nur Cosimas Vater, dem Komponisten des Werks, sondern auch ihrer Lieblingsheiligen Elisabeth zu nahe tritt. Aber der junge «Geck», wie Wagner ihn später nennen wird, weiß nun einmal nicht, mit wem er es bei den Tribschenern zu tun hat, und begnügt sich mit dem Idealbild, das ihr Entgegenkommen ihm nahelegt.

«Dieser Mann», so faßt Nietzsche nach dem Besuch seine Eindrücke von Wagner zusammen, «zeigt eine so unbedingte makellose Größe in allen seinen Eigenschaften, eine solche Idealität seines Denkens und Wollens, eine solche unerreichbar edle und warmherzige Menschlichkeit, eine solche Tiefe des Lebensernstes, daß ich immer das Gefühl habe, vor einem Auserwählten der Jahrhunderte zu stehen.» Immerhin schien er sich im klaren darüber, daß Wagner, der sich nie mit falscher Bescheidenheit schmückte, diese Einschätzung teilte und deshalb strenge Subordination von ihm erwartete.

«Das ganze Leben Wagners ist durchaus patriarchalisch», berichtete der vaterlos aufgewachsene Jünger, der sich hier zum ersten Mal den unteren Stufen einer Familienhierarchie zugeordnet sah; die höheren waren bereits von «kleinen Bülows, Elsa, Isolde, Senta, Siegfried», wie er sich zu erinnern glaubte, besetzt, während die oberste von jener «geistvollen und edlen Frau von Bülow» eingenommen wurde, die «durchaus hinein in diese ganze Atmosphäre» des Hochherrschaftlichen paßte. Nietzsche, dessen Reserve sich auf das doppelte «durchaus» beschränkte, faßte die Tage in Tribschen in dem für einen Karriereakademiker erstaunlichen Satz zusammen, sie seien «unbedingt die schätzenswertesten Resultate meiner Basler Professur».

Auch sein Freund Carl von Gersdorff erhielt eine Jubelpost, in der Nietzsche die Begeisterungsschraube noch weiterdrehte. Bei Wagner, so schrieb er, fühle er sich vor lauter «unbedingter Idealität» und «erhabenem Lebensernst» geradezu «in der Nähe des Göttlichen». Dazu trug auch die Lektüre von Wagners 1864 entstandener Schrift «Über Staat und Religion» bei, die er, bei dichtem Nebel auf dem Pilatus festsitzend, drei Tage lang im Hotel studieren konnte. Das politisch-metaphysische Elaborat zu Händen König Ludwigs, das Nietzsche sogleich weiterempfahl, läßt allerdings weniger die Nähe des Göttlichen als die der schlauen Berechnung ihres Autors ahnen, der seinem juvenilen Geldgeber lieferte, was der zu hören wünschte: daß Wagner niemals, wie der schnöde Vorwurf lautete, «die Rolle eines politischen Revolutionärs» gespielt habe; daß nicht etwa, wie Wagner einst behauptet hatte, der Fortschritt, sondern die «Stabilität» die «eigentliche Tendenz des Staates» sei und der «Monarch», eben König Ludwig, dessen «verkörperte Gewähr». Wie kein anderer bedürfe dieser «des erhabenen Trostes und der Stärkung» durch die Religion, deren Wirkung nur noch von einer Wundermacht übertroffen werde: der Kunst. Sie sei der «freundliche Lebensheiland», der «innerhalb des Lebens über dieses erhebt und es selbst uns als Spiel erscheinen läßt». Die erstaunliche Denkfigur, wonach das Leben durch die Kunst in ein Spiel verwandelt werde, könnte Ludwig zu seinen späteren Baukastenphantasien ermuntert haben; mit Sicherheit bildete dieser von Schopenhauer angeregte Gedanke, der die Kunst als «wundervolles Wahnspiel», als unbegreiflich «göttliches Traumbild» über den grauenvollen Lebensalltag erhob, den Kern, um den sich jetzt Nietzsches Erstlingswerk, «Die Geburt der Tragödie aus dem Geiste der Musik», zu formen begann.

Die Wochenendbesuche in Tribschen entwickelten sich für den Basler Professor in der Tat zum «wundervollen Wahnspiel», in dem er, «unbeschreiblich», aber wahr, seinen Idolen «Schopenhauer und Goethe, Aeschylus und Pindar» leibhaftig zu begegnen schien – «glaub es nur», rief er seinem Freund Rohde zu, als werbe er Mitglieder für eine neue Sekte. Glauben wollte er auch selbst – an Tribschen als seine neue Heimat, an Wagner als seinen endlich gefundenen Vater, der ihm, wie der Theatergott Wotan seinem Sohn Siegfried, aus eigenem Entschluß den Weg frei macht zu Hort und Weib, indem er für den Jüngeren der Macht entsagt. Hatte Wagner nicht selbst das Wort von der «Entsagung» als neues Dogma seiner Philosophie von Schopenhauer übernommen, um fortan statt der Revolution den Verzicht zu predigen, den Verzicht auf «Wille» und «Wahn», Fleischgenuß und Tierversuche, auch, wie sein «Parsifal» lehren wird, auf die sündigen Reize der Weiblichkeit?

Im Gegensatz zu seinem Wotan, der auf alles verzichtet, wollte Wagner auf nichts verzichten. Nicht nur an Beefsteak und Freundinnen hielt er fest, sondern auch an seinem alten Plan, ein eigenes Reich zu gründen. Nach dem Münchener Debakel setzte er nun alles auf Bayreuth. Nur an einer Stätte, die ihm gehörte, die er beherrschte, würde er triumphieren können. Dazu brauchte er Helfer, Propagandisten, Virtuosen der Selbstverleugnung. Nietzsche, der nach Meinung der

Tribschener gute Anlagen dafür mitbrachte, hielt am Vaterbild fest: Er nannte ihn, nach Goethes Faust-Apotheose, seinen «Pater seraphice», der ihn als «seligen Knaben» in die «Geheimlehren der Kunst und des Lebens» eingeweiht habe; pries ihn als Führer aus dem Dunkel «in die Helle», den er «gar nicht anders» denn «als einen Vater verehren darf». Wagners Geburtstag, so beteuerte er, falle mit der «Feier meiner Geburt» zusammen. «Ihn zu befriedigen», gesteht er Mit-Wagnerianer Rohde, «reizt mich mehr und höher als irgend eine andre Macht.»

Auch mit der andren Macht im Hause, Cosima, war eine Annäherung zu verzeichnen. Am 3. Januar 1870 hielt ihr meist sehr ausführliches, ganz auf den Meister fixiertes Tagebuch fest: «Die ganze Woche nicht in dem Buch geschrieben. Die meiste Zeit mit Pr. Nietzsche verbracht, welcher uns gestern verlassen hat.» Der Chronist, dem sonst nur Superlative zu seinen Tribschener Aufenthalten einfielen, hatte über die gemeinsam verbrachte Weihnachtswoche kaum mehr zu vermelden, lediglich in einem Rohde-Brief nannte er sie die «schönste und erhebendste Erinnerung». Es sei durchaus nötig, beschwor er den Freund, «daß Du auch in diese Magie eingeweiht wirst». Hatte ihn Cosimas Pariser Charme gefangengenommen, der französische Akzent ihrer lispelnden, dunkel gefärbten Stimme, ihre leichtfüßig von einem Thema zum anderen springende Konversationskunst, deren autoritäre Anmaßung ihn seine geistige Überlegenheit vergessen ließ? Gut zehn Jahre zuvor hatte ein Freund Bülows, Ferdinand von Lassalle, über Cosimas Gesprächszauber geäußert, «ihre Sucht, mit einem Bildungsniveau etwa in Höhe französischer Mädchenpensionate ihm gegenüber die ‹Geistreiche› zu spielen, sei ihm lästig geworden». Nietzsche konnte nicht genug davon bekommen.

Dafür erwartete Cosima Gegenleistungen. Wochen vor dem Weihnachtsfest 1869 war sie mit diversen Besorgungsaufträgen vorstellig geworden; unter anderem erbat sie sich das «Dürersche Blatt unter dem Titel ‹Die Melancholie›» und die Dekorationen für ein Puppentheater, das der Professor nach seiner Ankunft im Salon aufbauen durfte. Nach der Kinderbescherung mit «Knecht Ruprecht und Christkindchen» stand das Fest ganz im Zeichen des Meisters und seiner Lebenserinnerungen: Ein Porträt seines Onkels Adolph war mit Nietzsches Hilfe umständlich besorgt worden, außerdem ein alter Almanach mit dem Lustspiel seines Stiefvaters Ludwig Geyer, «Der Bethlehemitische Kindermord», das Wagner schon am Weihnachtsabend zum Vortrag brachte. Da er an den folgenden Abenden Auszüge aus seinen Memoiren vorlas und tagsüber mit einem Aufsatz «über das Dirigieren» und dem Vorspiel der «Götterdämmerung» beschäftigt war, führte sein Übereifer zu Erschöpfung, worauf er das Feld dem Basler Jünger überließ.

Cosima, deren 32. Geburtstag am 24. Dezember hinter Wagners Selbstdarstellung zurücktreten mußte, blieb viel Zeit für ihren Gast. Schon am ersten Abend, an dem Wagner die stiefväterliche Klamotte vornahm, hatte Nietzsche «auf sie einen tieferen Eindruck gemacht als früher». In den Monaten zuvor, so der Bayreuther Cosima-Biograph Richard DuMoulin Eckart, hatte sie an ihm «so manches Doktrinäre abgestoßen», doch unterm Christbaum, erheitert durch Geyers «Kindermord», sei man sich nähergekommen. Am nächsten Tag, nach dem Mittagessen, betrat man gemeinsam Wagners Gralsgebiet: Während der Meister vermutlich Mittagsschlaf hielt, las Cosima dem Jünger den unveröffentlichten Entwurf des «Parzival» – so die damalige Schreibweise – vor, das künstlerisch-religiöse Testament seines Autors. 1865 für König Ludwig auf einer seiner Berghütten geschrieben, war er außerdem eng mit Wagners Liebe zu Cosima verknüpft. Auf Einladung ihres Vaters hatte sie sich zusammen mit Hans von Bülow nach Budapest aufgemacht, um die Uraufführung der «Heiligen Elisabeth» zu erleben. Wagner, in Eifersuchtsqualen zurückgelassen, vergaß seine anderen

Geliebten und suchte Rettung in der Kunst. Der «Parzival»-Text brachte ihm, wenigstens zeitweise, «Hülfe in der Not!!»

Cosimas Vorlesung der Prosa-Mythe, die sie an eine entscheidende Phase ihrer Wagner-Affäre erinnerte, entbehrte nicht der Pikanterie; handelt die Geschichte doch von dem «Leiden der Liebesverführung», vom «Dämon der verborgenen Sünde», von «schönen Frauen» in «wilder, flüchtig umgeworfener Kleidung», kurz, von allem, was einem einsamen Universitätsprofessor bei der Unterhaltung mit einer Dame durch den Kopf gehen mochte. Die Anzüglichkeiten der Lektüre gipfeln in einem Verführungsversuch, bei dem «der letzte Hauch des Muttersehnens» mit dem «ersten Kuß der Liebe» verschmilzt. Vorgetragen von einer jungen, ehebrecherischen Mutter, allein im Plüschsalon mit einem gehemmten Enthusiasten, war das ein gewagtes Sujet, zumal der Held am Ende den sündigen König erlösen und seines «Amtes walten» darf. «Mit Pr. Nietzsche Parzival gelesen», trug sie hinterher ins Tagebuch ein, «erneuerter furchtbarer Eindruck». Der letzte gehemmte Jüngling, dem sie im September 1865 von ihrer «Parzival»-Erschütterung mit Tränen berichtet hatte, war Bayernkönig Ludwig gewesen, den Wagner intern «Parzival» nannte. Nach Cosimas Lesung kehrte der Meister von seiner Mittagsruhe zurück und gab Nietzsche, wie dieser voll Stolz seinem Freund Rohde berichtete, «in der rührendsten Weise zu erkennen», welche «Bestimmung er mir vorgezeichnet» sah. Vielleicht, so mochte er insgeheim hoffen, die des reinen Toren Parzival, der das Erbe des sündigen Königs antreten darf.

Auch Cosima verdrehte ihm den Kopf. In ihren Briefen häufen sich Andeutungen, die den welterfahrenen Bücherwurm verwirren mußten. Eine «wehmütige Stimmung» habe er nach seinem Besuch hinterlassen, schrieb sie ihm einmal, und daß sie «fest» glaube, er bringe ihr Glück. Vergleicht man die Vertraulichkeiten ihrer Korrespondenz mit den gleichzeitigen Tagebucheinträgen, bietet sich ein anderes Bild: Statt des «Glücks» hat «Pr. Nietzsche» nur schlechte Nachrichten über ein neues Buch gebracht, «dessen ganzer Sinn eigentlich ein Schmähen auf R. sei»; deshalb hing ihre Wehmut über seinen Abschied auch nicht mit ihm, sondern mit jenem zusammen, den er verlassen hatte: «Wie vereinsamt ist doch R. in dieser Welt.» Da konnte der Basler nur geringen Trost bieten, zumal Wagner kurz darauf nicht etwa von ihm als idealem Gesprächspartner träumte, sondern von Goethe: «da habe ich meine Bestimmung gefunden», verriet er der Partnerin, «im Umgange mit einem solchen Menschen».

Nietzsche dagegen, überzeugt, seine Bestimmung in Tribschen an der Seite des Künstlerpaares gefunden zu haben, fühlt sich ermutigt, nun seinerseits auf der «kleinen Insel» als Paar aufzutreten: Im Juni 1870 bringt er zum ersten Mal Freund Rohde mit, den längst für den Meister eine «Verehrung und Bewunderung» erfüllt, «die durchaus etwas Religiöses hat». Schon 1868 hatte Nietzsche ihm über seine «jubelnde Intuition» der «Wagnerischen Musik» vorgeschwärmt: «Das alles aber mit einem Freunde wie Du bist zu genießen ist mir wirklich ein glühendes Bedürfnis.» Die beiden machen Eindruck. «Wir haben Ihnen zwei herrliche Tage zu danken», schreibt Nietzsche nach Tribschen, «ich sogar im Grunde vier, weil ich alles, was meinen Freund Rohde berührt, mitempfinde und somit diesmal doppelt genießen konnte.» Als Antwort auf diese Freimütigkeit drückte Cosima ihm, in kurioser Fehlleistung, ihre Freude darüber aus, «daß Sie sich und Ihr Freund neulich auf Tribschen gefallen haben», und regt in diesem Sinne an, sie möchten «immer zu zweien auf Tribschen» kommen, da selbst der Meister, «unsre Autorität», dekretiert habe, «zwei-einig geht der Mensch zu best». Welche Erleichterung für Nietzsche, sich in diesem heiklen Punkt von Wagner und Cosima akzeptiert zu wissen.

Dem Meister, der sich seit der Schulzeit mit dem klassischen Altertum beschäftigte, war diese Form der Leidenschaft nicht fremd. Im April hatte er Cosima über die «Liebe bei den Griechen» erzählt, «von welcher wir uns keine Vorstellung machen könnten und die, wenn sie nicht in Lasterhaftigkeit unterging, die höchste ästhetische Tendenz bezeugte». Unter diesem Zeichen war Nietzsche, der sich nur vollkommen fühlte, wenn er seinen Mitkämpfer bei sich wußte, in Tribschen angetreten: als kunstbesessener Neugrieche, der eine Wiedergeburt der von Wagner so genannten «tragischen Kultur» unter dessen Auspizien herbeischreiben und -lehren wollte. «Die Anbetung des Weibes dagegen», so fügte Wagner für seine Geliebte erklärend hinzu, «ist ein ganz neues Moment und trennt uns durchaus von der antiken Welt.»

Nach dem Besuch der Dioskuren bedankte sich Cosima für ein Geschenk, das sie ihr mitgebracht hatten: «Das Blatt der Melancholie ist, als schönes Zeichen Ihrer letzten Anwesenheit hier, geblieben; es hat die Seele vieler unserer Gespräche gebildet.» Der Dürer-Druck, den Cosima schon zu Weihnachten 1869 von ihm erbeten hatte, war erst im Mai von Rohde in Venedig entdeckt und für seinen Freund besorgt worden. Beide hatten sich brieflich verständigt, daß statt des «400–500 fr.» kostenden Originalabzugs für den Geschenkzweck auch die «mit Porto 18 ½ fr.» teure Kopie genügen würde. In Tribschen scheint es niemandem aufgefallen zu sein.

Die Schule der Unterwerfung

Dürers melancholischer Engel hielt Einzug in Nietzsches Privatmythologie. Er fühlte Verwandtschaft mit dem rätselhaften Wesen, versetzte sich in einem Gedicht, «den Kopf gebeugt zum Knie», in dessen grübelnde Lage und entdeckte auch seine Ariadne, die es so dringlich nach dem Bild verlangt hatte, in der gedankenversunkenen «Göttin» wieder. Längst war ihm aufgefallen, daß die Zeremonienmeisterin des Theatergenies sich heimlich der Selbstquälerei ergab, sich den Stachel ihrer alten Schuld ins Fleisch trieb und die Tagebücher mit nutzlosen Anklagen füllte. «Was mich betrifft», schrieb die Büßerin, «so mußte ich auf blutige Art die Erfahrung machen, daß alle Verfehlungen in dieser Welt gerächt werden, indem ich für meine eigene Bestrafung ein Instrument dieser unerbittlichen Gerechtigkeit gewesen bin.»

Das Bild vom Opfer, das sich selbst zum Folterinstrument dient – Nietzsche wird ihm dereinst seine «Klage der Ariadne» widmen – ersann Cosima im August 1869 im Tribschener Landhaus, von dem sie den Vierwaldstätter See überblickte wie Dürers Grübel-Engel das öde Meer. Auf dem Stich brütet die flügellahme Gestalt in einem ausweglosen Labyrinth, über dem Haupt die höhnische Fledermaus, in der Cosima, wie sie Nietzsche verriet, den «Boten unvermeidlichen Leidens» sah.

«Je tiefer ich leide», schrieb sie in ihr Tagebuch, «je stärker bildet sich in mir diese seltsame Wollust des Leidens aus» – und zugleich, was sie verschwieg, die Wollust, auch anderen Leiden zuzufügen, was ihren späteren Verehrer Houston Stewart Chamberlain zu der begeisterten Bemerkung inspirieren sollte, sie «verstehe» es, «einen zu züchtigen». Auch Wagner machte damit seine Erfahrungen. Trotz des Altersunterschieds von 24 Jahren fürchtete er ihren Tadel wie ein Kind und litt unsäglich, wenn sie ihn zur Buße seiner vielfältigen Verfehlungen mit Liebesentzug bestrafte. In einem seiner häufigen Alpträume, in denen sie ihn peinigte, trat auch ihr Vater auf, um ihn «mit einem Tortur-Instrument» umzubringen. «Und ich», so notierte sie ihre Rolle in Wagners Traum, «entfernte mich mit kaltem Blick, indem ich vom Vater angewiesen wurde, die Türe zu hüten, in die Nebenstube!» Entsetzt über ihre perfide Beihilfe zum Mord, erwachte der Träumende mit einem «heftigen» Aufschrei.

Für den Jung-Wagnerianer Nietzsche war der Bereich der Träume und des «Grauens vor dem Abgrund» untrennbar mit der Musik verbunden. In seinem Gedicht «An die Melancholie» schwingt sich der Engel aus der brütenden Lethargie auf, um ihm als sadistische «böse Gottheit» Angst einzujagen, ihn mit ihrem «Schreckgesicht» zum «Zittern», mit ihrer drohenden Hand zum «Zucken» zu bringen – doch wie durch ein Wunder verwandelt sich die Erschütterung bei ihm ins zitternde Stammeln von Liedern, in die zuckende Beschwörung von «rhythmischen Gestalten» auf dem Notenpapier. War dann, wie vermutlich auch in jenem Berghotel, wo ihn im Sommer 1871 die «Melancholie» gewaltsam überfiel, ein Klavier zur Hand, ließ er sich zu stundenlangen Improvisationen hinreißen, während die anderen Gäste «den großen, ernsten polyphonen Offenbarungen» lauschten. «Er spielte», so berichtete einer von ihnen, «mit der äußersten Ausdrucksfähigkeit und einer tiefen Überzeugung, die auf den Hörer unwiderstehlich eindringt.»

In dieser spontanen Umsetzung melancholischer oder ekstatischer Anwandlungen lag sein spezifisches Musiktalent – nicht im Komponieren, von dem er, nach Wagners Urteil, weniger verstand, als er glaubte. Seit den Tagen in Schulpforta, wo er, nach Ortlepps Vorbild, die Freunde mit seinem «wundervollen Phantasieren» begeisterte, hatte er sich einen Ruf als virtuoser Improvisator erspielt, dessen «seltsame Selbstvergessenheit» sich auch in Basel herumsprach. Sooft man ihn bei Abendgesellschaften ans Piano bat, war er nicht mehr davon wegzubringen. «Nietzsche bemerkt nichts», erzählte ein Kollege, «er phantasiert fort, er ist mit sich allein – und der befremdeten Gesellschaft bleibt nichts übrig, als ihn mit sich selbst allein zu lassen.»

War sein anfangs stockendes Spiel erst in Fluß gekommen, ließ er sich mitreißen vom harmonischen Zufallsgeschehen, dessen «bizarre» Figuren er mit «vollendeter Technik» umzusetzen wußte. «Nietzsches Anschlag war von großer Intensität», lobte sein komponierender Verehrer Köselitz, «ohne doch hart zu sein, sein Spiel sprechend, polyphon, von mannigfaltigster Abstufung.» Um dem schon damals verspotteten Musiker Nietzsche Gerechtigkeit widerfahren zu lassen, muß man ihn wohl beim Klavierspiel erlebt haben.

Cosima hat ihn erlebt. Legte der Meister eine Komponierpause ein und ging mit den Hunden spazieren, durfte der Gast Tribschens heilige Saiten zum Klingen bringen. Er beeindruckte Cosima mit leidenschaftlich vorgetragenen «Meistersinger»- und «Tristan»-Vorspielen, meist auch mit nahtlos angefügten Eigenkompositionen, die zwar verdächtig nach Schumann klangen, die Dame des Hauses aber dennoch, wegen des jugendlichen Vortragsfeuers, zum Applaus reizten. Auch bemerkte sie bald eine Geistesverwandtschaft ganz anderer Art: Der Gast geriet beim Spiel schnell außer sich, was der tranceerfahrenen Cosima den vertrauten «Eindruck einer Halluzination, eines Rausches» vermittelte. Aus innerer «Unruhe» heraus habe er musiziert, schrieb sie später, ausgelöst durch «überstarke Eindrücke» Wagners. Doch sobald sich der freie Fluß seines Spiels entwickelte, dem die Tochter des Klaviergottes Liszt versunken lauschte, fand sie sich, wie sie eingestand, «mit Bangigkeit gefesselt».

Nietzsches Neigung zum Halluzinieren, bei dem ihm einmal sein gerade an Cholera gestorbener Hauswirt, ein andermal eine röchelnde Gestalt hinter dem Stuhl erschien, wurde durch die Tastenekstase noch verstärkt. Mehrmals berichtet die abergläubische Cosima über gemeinsame Versuche, «einen Tisch zu rücken», und musikalische «Orakel». In die rechte okkulte Stimmung brachte sie dabei der Gast, der am Flügel die Unterwelt beschwor. Während einer späteren Séance in Nietzsches Bayreuther Unterkunft bei Buchhändler Giessel improvisierte er im abgedunkelten Raum über seiner «Manfred»-Meditation, bis plötzlich, zum Schrecken des auf dem Sofa träumenden Rohde, eine Stimme rief: «Alleweile erscheine e Geist», von dessen Auftritt er, Rohde, da zu «obturiert», allerdings nichts mitbekommen habe.

Mit seinen pianistischen Einlagen, das muß Nietzsche schnell bemerkt haben, spielte er einen Trumpf aus, der ihn ebenso mit Cosima verband, wie er ihn über Wagner hinaushob. Mochte der auch der unendlich überlegene Komponist und Dichter sein – zum Virtuosen, das wußte Wagner selbst, war er nicht geschaffen; im Scherz meinte er einmal, wie sich Nietzsche-Freund Carl von Gersdorff erinnerte, er spiele Klavier «wie eine Ratte Flöte». Des Meisters unüberhörbares Defizit machte Nietzsche übermütig. Einem seiner Lieblingsstudenten schmeichelte er, nach ausgiebigem Vierhändigspiel Wagnerscher Kompositionen, er habe ein Stück «jetzt viel besser gespielt als Meister Wagner, der», wie er nicht anzumerken versäumte, «nie ein guter Klavierspieler gewesen ist».

Dabei wirkte Nietzsche selber, verglichen mit Cosimas Hauspianisten Hans von Bülow oder Franz Liszt, allenfalls wie ein bemühter Dilettant, dessen Lieblingspublikum zu verwöhnt war, um nicht nach einiger Zeit seiner, wie Cosima es ausdrückte, «musizierenden Spielerei» überdrüssig zu werden. Sie blieb dabei wie immer diplomatisch und amüsierte sich höchstens hinter Nietzsches Rücken, wenn Diener Jacob die Leistung des Gastes mit einem «Schient mir nit guet» abtat; Wagner gab sich wie immer schroff, da er andere Götter, und schon gar einen musikkranken Professor, nicht neben sich duldete. «Nein, Nietzsche, Sie spielen zu gut für einen Professor», stichelte er einmal, was von diesem vermutlich als Kompliment aufgenommen wurde.

Bereitwillig gab Nietzsche sich jeder Illusion hin, wenn sie nur sein Selbstgefühl stärkte. Beim «Mannheimer Musikfest» 1871, bei dem für Bayreuth gesammelt wurde, glaubte Nietzsche sich, wie er schrieb, der «Ehre» teilhaftig, «Frau Cosima bei ihrem ersten Auftreten vor der ‹Welt› als cavaliere zu führen» – ihre detaillierten Aufzeichnungen über das Fest wissen nichts davon. Bei einem Bayreuther Festessen 1872 fühlte er sich geschmeichelt, während man sich doch nur über ihn lustig machte. «Den Abend», so berichtete er stolz Freund Gersdorff, «beschloß ein sehr gelungenes, behagliches und harmloses Bankett in der Sonne, an dem auch Frau Wagner und Frl. von Meysenbug als die einzigen Frauen teilnahmen. Ich hatte den Ehrenplatz zwischen beiden und bekam deshalb nach einer italienischen Oper den Namen Sargino, der Zögling der Liebe.»

Hätte Nietzsche die Oper gekannt, wäre die Erwähnung sicher unterblieben. Denn dieser Sargino, Held eines vergessenen «dramma eroicomico» von Ferdinando Paër, zieht als weinerlicher Tölpel, der seinen Vater fürchtet und offenbar auch sein Pferd, das ihn abwirft, den Spott der Damenwelt auf sich. Vermutlich hat nur einer der Gäste die seltene Oper gekannt: Richard Wagner, der 1833 in Würzburg Werke dieses Komponisten studierte und nun sein boshaftes Vergnügen darin fand, den gravitätischen Jungakademiker zum Narren zu halten.

Ein anderer Name für Nietzsche war «Anselmus». Auch der Held von E. T. A. Hoffmanns Zaubermärchen «Der goldene Topf» benimmt sich wie ein Tolpatsch, stolpert über Apfelkörbe und macht sich, wie Paërs «Zögling der Liebe», durch sein Ungeschick lächerlich. Wagner trug das Märchen

«Eindruck einer Halluzination, eines Rausches»: Wenn Nietzsche – hier als Professor 1873 – auf Wagners Flügel improvisierte, fühlte Cosima Wagner sich «mit Bangigkeit gefesselt»; der Hausherr dagegen entwickelte eine heftige Aversion gegen das Musizieren seines Gastes

in den Weihnachtsfeiertagen 1870 vor, die durch die Uraufführung seines «Siegfried-Idylls» im Tribschener Treppenhaus berühmt wurden. Neben dem mächtigen Zauberer Lindhorst und der schönen «Feuerlilie» – beide Rollen waren durch die Wagners besetzt – blieb für Nietzsche-Anselmus nur die Rolle des Hilfsschreibers, der in Lindhorsts Bibliothek Manuskripte kopieren darf: ein Handlanger, dessen Tagträume am Ende mit einer Fata Morgana belohnt werden. Nach Nietzsches Abreise grüßten «den Studenten Anselmus der Archivarius Lindhorst und die Feuerlilie» und versicherten ihm, er könne ihretwegen in Zukunft «getrost Apfelkörbe umrennen».

Auch Basel, das ihn als einfühlsamen Lehrer schätzte, wie es ihn als Spitzwegfigur belächelte, erwies sich als eine der vielen Illusionen Nietzsches, für die er teuer zu bezahlen hatte. Seine Migräneanfälle wurden chronisch, seine Schlaflosigkeit machte ihn chloralabhängig. Da ihm neben der höchst ehrenvollen Professur eine Stelle als Gymnasiallehrer mitverliehen wurde, war er von Anfang an überfordert, vergeudete seine Kräfte und mußte, da sein Gehalt bescheiden war, ängstlich über seine Ausgaben wachen.

Hatte er in seinem letzten Leipziger Semester noch über jene rätselhafte «Gestalt hinter meinem Stuhl» geklagt, die ihn durch den «schauderhaft unartikulierten und unmenschlichen Ton» ihrer Stimme zur Verzweiflung brachte, so konnte er, nach einem halben Jahr Basler Strapazen, genaue Auskunft geben, welches unterweltliche Wesen ihm da an den Lebensnerv ging: Es sei, so schrieb er, der «Dämon des Berufs», der «hinter meinem Stuhle» steht. «Und ehe den der Teufel holt, holt der Dämon mich.» An die Freunde sandte er Hilferufe, er habe monatelang in «übermäßiger Weise arbeiten müssen», und das nicht nur als Hochschuldozent, sondern eben auch als «armer Schulmeisteresel».

Die Flucht ins Tribschener Idyll, die ihm, glaubt man seinen Briefen und in der Folge seinen Biographen, die nötige

Erholung und geistige Auffrischung gebracht habe, unterwarf Nietzsche in Wahrheit einem Mißbrauch ganz anderer Art, der sich auf sein labiles Selbstgefühl ähnlich fatal auswirkte wie die Basler Knochenarbeit auf seine Gesundheit. Denn den Professor erwartete hier die Schule der Unterwerfung. Deren erstes Gesetz lautete: Erfülle jeden Auftrag, und sei er noch so erniedrigend. Nietzsches Verklärung seiner dortigen Aufenthalte diente auch dazu, über seine Degradierung zum Handlanger hinwegzutäuschen. Er wußte zu gut, daß er als Eintrittspreis in Lindhorsts Zauberwelt das Opfer der Selbstverleugnung zu bringen hatte, das ihm, sollte er es einmal im Druck seiner Obliegenheiten vergessen haben, von der unerbittlichen Cosima in Erinnerung gebracht wurde. Aus ihrem umfangreichen Briefwechsel, den Cosima später, soweit sie Zugriff darauf hatte, vernichtete, haben Leser ein enges, ja ebenbürtiges Verhältnis zwischen ihr und Nietzsche abzuleiten versucht und dabei übersehen, daß die beiläufigen Vertraulichkeiten der «Meisterin», wie sie sich ihm gegenüber gern nannte, nur dem Zweck dienten, ihn willfährig zu stimmen. Im Geschenkpapier des Persönlichen verbargen sich, nach Bülows spöttischem Ausdruck, die «Enzykliken» des Wagner-Konzils, auf die der Jünger eingeschworen wurde – eine ideologische Abrichtung, für die Bülow zu Bayreuth-Zeiten das Wortspiel von der «Verbaireitknechtung» prägte.

Im reichlichen Briefausstoß des hohen Paares achtete man auf Arbeitsteilung: Während Cosima sich zuständig wußte für die Lock- und Ermahnungsschreiben an die Gemeinde, die sie, trotz des meist familiären Tones, immer als Prokuristin und «Brieftaube» des «Herrn demidieu» ausfertigte, reservierte dieser seine Botschaften für alte Freunde und Geldgeber, gelegentlich auch, wenn ein Auftrag oder Wunsch auszusprechen war, für Neuapostel wie Nietzsche. Seine Sprache, die dann verräterisch zwischen gewundener Höflichkeit und unverfrorener Direktheit wechselte, fand in Cosima, bis in die verspielte Handschrift, eine perfekte Nachahmerin. Oft verfiel sie von dem mädchenhaften Plauderton, der in Nietzsche die verwandte Seele ansprach, in die herrische Befehlssprache der «Meisterin», die dem Jünger Beine machte.

In Tribschen, wo man über Königsgelder und reichlich Personal verfügte, war man zwar zu keiner Zeit auf einen professoralen Laufburschen wie Nietzsche angewiesen, doch sah man darin die geeignete Übung, den von sich eingenommenen Gelehrten zum Instrument der eigenen Sache zuzurichten – und die hieß «Bayreuth». So schaltete man den Basler ein, um das Gemälde von Onkel Adolph zu besorgen, was praktisch bedeutete, daß der Universitätsprofessor sich in Leipzig «auf die Fährte der Besitzerin», ehemals Dienstmädchen beim verstorbenen Onkel, setzen und «dann dieser keine Ruhe lassen» sollte, bis sie, so die Auftraggeberin Cosima energisch, «gegen Geld und gute wie schlechte Worte es mir zugeschickt hat». Nietzsche war klug genug, die Aufgabe an Schwester Elisabeth weiterzugeben.

Nachdem er zwischendurch als Ausschnittdienst für Zeitungsartikel und Inserent einer Wagnerschen Verlautbarung in Leipzig eingesetzt war, erreichte ihn vor Weihnachten 1869 eine Flut von mehr oder weniger dringlichen Wünschen, darunter auch der, Wagners Klassikerbibliothek in Basel neu einbinden zu lassen – «und zwar die Griechen rötlich braun und die Römer gelblich braun, marmoriertes Papier mit Lederrücken, das Papier auch mit bräunlichen Färbungen, z. B. weiß, gelb, auch ein kleiner Fleck darein, und die Titel der Autoren auf verschiedenfarbig kleinen Zetteln» –, wobei man sich den linkischen Nietzsche, den Bestellzettel dicht an die Augen gehalten, vor dem Ladentisch vorstellen muß. Hinterher darf er beim Spielwarenhändler in der Eisengasse «beiliegenden Zettel abgeben», dann im Textilgeschäft höchstpersönlich «Tüll mit Goldsternen oder Pünktchen» aussuchen, «falls kein Tüll», dann eben «Tarlatane», wie Cosima auf einer Extranotiz festhält, da diese Stoffe, die für die Tracht des Christkindchens vorgesehen sind, sich leider «nicht in ganz Luzern» auftreiben lassen. Und, bitte nicht zu vergessen, einen Wasserkrug mit vier Gläsern und Puppen fürs Theater, samt Kasper, wie sich versteht.

Die nächste Mission hält neue Peinlichkeiten für ihn bereit: Wagner, begnadeter Innendekorateur mit Auge fürs teure Detail, hat sich eine silberne Ampel in den Kopf gesetzt, die sein ehemaliger Dresdner Revolutionsgenosse, der Architekt Gottfried Semper, entworfen hat. Da die beiden seit dem Scheitern eines gemeinsamen Münchener Theaterprojekts verkracht sind, wird Freund Nietzsche vorgeschoben, den begehrten Zimmerschmuck zu erwerben. Auf seine im Auftrag einer ungenannten «Dame» geschriebene Anfrage antwortet ihm Semper, Erbauer der Dresdner Synagoge, daß es mit dem Stück seine eigene Bewandtnis habe: Das «Gefäß» sei von den «unverheirateten Genossen der jüdischen Gemeinde der Synagoge» in Dresden «geweiht» worden, weshalb ihm nur die «Vorsteherschaft der israelitischen Gemeinde» oder das «Juwelierhaus Meyer & Noske» weiterhelfen könnte – Menschen also, über die Wagner gerade geäußert hatte, sie seien «eine wahre Pest».

Auf das Synagogenlicht wollte er dennoch nicht verzichten. Da Cosima sich «mit meiner jüdischen Bestellung» zu kompromittieren fürchtete, mußte der «liebe Herr Professor» erneut aktiv werden. «Darf ich Sie nun weiter belästigen? Ich möchte meinen Brief an Meyer Noske nicht mit meinem Namen unterzeichnen, noch von Luzern aus datieren.» So schickte sie ihm die Bestellung, von der «Gouvernante geschrieben und unterzeichnet», damit er sie entweder abschreiben «und in Ihrem Namen» nach Dresden aufgeben oder «so abschicken» und nur seine Adresse «beifügen» möge. Nietzsche zog es vor, selbst zu schreiben. Der Vorgang taucht in Cosimas Tagebuch nur in harmlosen Andeutungen auf, die im Januar 1870 die «Zusendung einer Semperschen Zeichnung», dann die Mobilisierung des Dresdener Arztes Dr. Pusinelli «wegen der Ampel» und schließlich den erfolgreichen Abschluß der Transaktion festhalten. Am 4. September 1870, Siegfrieds Tauftag, frohlockt die Chronistin: «Die Sempersche Ampel wird eingeweiht.»

Fortan darf Nietzsche seinen Namen und seine Zeit für jegliche Art von Besorgung zur Verfügung stellen, darf holländische Heringe oder russischen Kaviar, zwölf Rosenstöcke oder «einige Pfunde Caramels dito Pâte d'Abricots» nach Tribschen schicken; gegen Ende ihrer Beziehung wird dem Jünger sogar die Auszeichnung zuteil, dem Meister seidene Leibwäsche zu verschaffen. Da die Einkaufszettel, die ihm von Tribschen nach Basel mitgegeben wurden, nicht erhalten geblieben sind, läßt sich kaum mehr feststellen, welche Dimensionen die fachübergreifenden Einsätze des Philologen angenommen haben.

Aber auch Fachkompetenz war gefragt: Man drängte den Literaturkenner, Wagners umfangreiche «Bibliothek zu ordnen», und bat den erfahrenen Schreiber um die Empfehlung eines «Kopisten» für ein Wagner-Manuskript, womit, was ihm sogleich aufging, kein anderer als er selbst gemeint war. Vor allem suchte man seine auch in Tribschen bewunderte Sprachbegabung für die vom Meister selbst ausgesprochene Hauptaufgabe nutzbar zu machen, die zur eigentlichen Bewährungsprobe seiner Jüngerschaft wurde: die Drucklegung des Memoirenwerks «Mein Leben». Als erstes, so der Meister, sollte er dem Basler Drucker Bonfantini «die Weisung zukommen lassen», einen Kostenvoranschlag «schriftlich aufzusetzen»; dann erhielt der Jünger in einem, wie Wagner es nannte, «Akt ausschweifendsten Vertrauens» eine «ziemliche Masse von Manuskript wertvollster Art», nach seinem Diktat geschrieben von Frau Cosima, das er «durchlesen» und anschließend «zum Druck verwerten» sollte. Dabei war Eile angesagt, da Wagner noch vor Weihnachten einen fertigen Bogen zur Begutachtung in Händen halten wollte, um ihn dann – eine Streicheleinheit für den Dienstleistenden – «unserer verehrten Freundin» zu «bescheren».

Der zum «vortrefflichsten Freund!» Beförderte mühte sich nach Kräften, der ungewohnten Lektoratstätigkeit gerecht zu werden, mußte sich jedoch schon bald Nachlässigkeiten vorwerfen lassen. Da die Satzfahnen nicht sorgfältig genug korrigiert waren, schickte der pedantische Auftraggeber – «ich bedaure, verehrter Freund» – sie «ausdrücklich wieder mit zurück, damit man sehe, wie nachlässig diese von Seiten des Setzers revidiert» waren – auch von Oberaufseher Nietzsche, was dieser sich hinzudenken durfte. Neben der Korrekturarbeit, einer Tortur für den hochgradig sehschwachen Nietzsche, mußte der Stich des Wagnerschen Phantasiewappens mit dem symbolischen «Geier» beaufsichtigt werden, dessen «charakteristische Geier-Krause» die Verwechslung mit einem Adler unbedingt verhindern sollte. Auch galt es, im Wagner-Text zahlreiche chronologische Fehler auszumerzen und für die angemessene Ausstattung – «Alles nobel (wie der Berliner sagt), das versteht sich», schrieb Wagner – des für wenige Auserwählte bestimmten Werkes Sorge zu tragen. Nietzsche wurde zum Mädchen für alles. Dafür ernannte ihn der Meister zum «Wächter» dieser «urgermanischen Lebensdiktate», nicht nur für den Augenblick des Drucks, sondern «über meinen Tod hinaus» – womit er im Juni 1870, als diese feierliche Einsetzung stattfand, nichts anderes ausdrücken wollte, als daß der Wächter weiterhin die Herstellung des Buches «ein wenig» überwachen sollte.

«Große Genies», schrieb der vielbeschäftigte Jünger damals in sein Notizheft, seien «den Alltagsfliegen unfaßbar und recht eigentlich unberechenbar»; deshalb bedürften sie zur Sicherung ihrer «drohnenartigen» Existenz der «Sklavenarbeit» anderer, und Nietzsche wußte, wen er damit meinte. Da er leicht unter Druck zu setzen war, klagte Wagner ihm immer wieder, «daß alles auf ihm läge, daß ihm niemand in solchen Dingen», wie der Vorbereitung von Benefizkonzerten für Bayreuth, «zur Seite stünde». Nietzsche, regelmäßig erschüttert von Wagners Weherufen, hätte am liebsten alles liegen und stehen gelassen, um seinem Idol zu Hilfe zu eilen. Doch das Opfer seiner Professur, das er, als Wagner-Erbe, allzugern dargebracht hätte, wurde vom Meister, vorläufig noch, verschmäht. Denn das ehrenvolle Amt, das Nietzsche ostentativ in Wagners Dienste stellte, brachte diesem nicht nur gesellschaftliche Anerkennung, sondern prädestinierte die akademische Koryphäe auch zur höheren Bayreuth-Propaganda: In Tribschen dachte man sich ihn etwa als Vortragsreisenden in Sachen «Nibelungen» oder als Redakteur einer zukünftigen «Revue», als Teilzeitassistenten des Meisters oder als Schriftleiter einer politisch-metaphysischen «Reformationsschrift». Für Wagner war Nietzsche ein Mann, den man einsetzen konnte.

Als vornehmste Lebensaufgabe jedoch war Nietzsche die Erziehung des jungen Siegfried zugedacht. Schon im November 1869, als Wagners Thronfolger noch in den Windeln lag, sah dieser ihn mit prophetischem Blick «bei Nietzsche» in pädagogischer Obhut, «da, wo Nietzsche Professor sein wird»; das hohe Paar aber würde «von weitem zusehen, wie Wotan der Erziehung von Siegfried zusieht». Nicht dem Jünger also war die Rolle des Wagner-Erben zugedacht, sondern, wie dieser sich leicht selbst hätte ausrechnen können, dem Sohn. Für Nietzsche blieb in Wagners Bild nur die undankbare Rolle des Siegfried-Erziehers Mime, jenes tückischen Zwergs, der am Ende zum Dank für seine Bemühungen vom Zögling erschlagen wird. Aber an derlei Grausamkeiten dachte man damals noch nicht.

Nie verstieg sich Wagner zu unwahrhaftigeren Schmeicheleien, als wenn er Nietzsche an diese Aufgabe erinnerte. Auch seine oft zitierte Äußerung, «genau genommen sind Sie, nach meiner Frau, der einzige Gewinn, den mir das Leben zugeführt», wird nur aus dem Zusammenhang des Briefes verständlich, in dem es um Siegfried geht. «Zwischen dem und mir», schreibt Wagner, «bedarf es eines Gliedes, das nur Sie bilden können, etwa wie der Sohn zum Enkel.» Wagner als Vater, Nietzsche als Sohn – hier stand es schwarz auf weiß, und der Geschmeichelte nahm es wohl für bare Münze. Je «stämmiger und stärker» der Erbe heranwuchs, um so dringlicher klangen die Werbebriefe, in denen Wagner sich sogar zu einem Lob von Nietzsches Kompositionen verstieg, die er im Kreis von Musikern «dummes Zeug» nannte. «Der Junge weist mich nun auf Sie, Freund», heißt es im Oktober 1872, als Siegfried drei Jahre zählt, «und gibt mir, schon aus reinem Familienegoismus, die Sucht ein, alle meine auf Sie gegründeten Hoffnungen buchstäblich zur Erfüllung getrieben zu sehen.» Welcher Art diese Hoffnungen waren, hat Wagner dem designierten Hauslehrer nicht verschwiegen: «Der Junge – ach! – braucht Sie!»

Irgendwann konnte Nietzsche sich nicht länger der Erkenntnis verschließen, daß sein Gott im Ernst und «aus reinem Familienegoismus» von ihm verlangte, daß er seine Professur niederlegte, um sich demnächst in Bayreuth als Erzieher zu verdingen. Spätestens zu den für Mitte des Jahrzehnts geplanten Festspielen wäre die Stelle bei dem verwöhnten «Mädchenjungen» Siegfried zu besetzen gewesen, hätte Nietzsche sich als pädagogischer Dienstmann in die Hofhaltung des Wagner-Paars einfügen müssen, um einem anderen zu einer Position zu verhelfen, die er für sich selbst erträumte. Nietzsche, den der Ehrgeiz trieb, dereinst zu den «ersten Namen des Jahrhunderts» zu zählen, dachte gar nicht daran.

Von Wagner unbemerkt, der den Jünger fest im Griff zu haben glaubte, legten sich Schatten auf das Bild olympischer Makellosigkeit, schlichen sich vorsichtige Distanzierungen in Nietzsches Notizbücher ein; scharfsichtig hielt er die Widersprüche fest, die Wagners Charakter entstellten und sich nicht mit dem Hinweis auf seine schöpferische Potenz ausräumen ließen. Wagner, der «Jupiter» der frühen Tribschener Tage, verwandelte sich zum «sonderbaren Rätsel unserer Gegenwart»: visionärer Menschheitserneuerer, der sich zugleich moralisch kompromittiert; charmanter Gastgeber auf seinem Landsitz, der sich als kleinlicher Machtmensch und Ausbeuter entpuppte; Meister der Nuancen, der zarten Übergänge und Zwischentöne, als den ihn Nietzsche noch 1888 preisen sollte, der im privaten Umgang den Rüpel und Hanswurst spielte – vor allem aber der «Freund», der es zu genießen schien, wenn sein Verehrer unter ihm litt. Ein sonderbares Rätsel, das Nietzsche, wie er ahnte, nicht ohne Hilfe anderer würde lösen können.

Zehn Jahre später, nach vollzogenem «Bruch» mit den Bayreuthern, stellt Nietzsche sein Dienstverhältnis in einem archaisierenden Tiergleichnis dar. Am Anfang, so fabuliert er in seinem Übermenschen-Evangelium «Also sprach Zarathustra», hat er sich als «tragsamer Geist» ohne eigenen Willen einem Stärkeren unterworfen: «So kniet er nieder, dem Kamele gleich, und will gut beladen sein.» Doch das duldsame Kamel Nietzsche, mit Basler und Tribschener Arbeiten überladen, flüchtet sich, auf der Suche nach einem eigenen «Willen», in die «einsamste Wüste». Hier wirft das sklavische Kamel seine Last ab und verwandelt sich in den Löwen, den Herrn der Tiere. Um aber wirklich, wie Nietzsche sich erträumt, «Herr» zu werden, muß er erst den «goldfunkelnden Drachen» besiegen, der ihm am Weg auflauert, wie Wagners Fafner dem Helden Siegfried. Über den Ausgang des Kampfes zwischen dem Drachen «Du sollst» und dem Löwen «Ich will» läßt der «Zarathustra»-Autor keinen Zweifel, was weniger mit seinem nach wie vor unentschiedenen Verhältnis zu Bayreuth als mit der kriegerisch triumphierenden Botschaft seines Übermenschen zusammenhängt.

Auch der Mythos von Dionysos und Ariadne kennt einen solchen Kampf um die Herrschaft: Held Theseus dringt, mit löwenhaftem Mut, in die dunklen Gänge des Labyrinths ein, um sich mit dessen Herrn, dem stierköpfigen Minotaurus, zu messen. Seinen Sieg über das menschenmordende Ungeheuer aber verdankt er nicht eigener Kraft, sondern der Zuneigung der Prinzessin, die ihn in die Geheimnisse ihres familiären Rätselgartens einweiht. So bleibt auch dem Helden Nietzsche, gefangen im Labyrinth des Theatergottes, allein die Hoffnung auf eine Ariadne, die ihm aus dem undurchsichtigen Reich und aus der «einsamsten Wüste» seiner Zweifel heraushelfen wird. Doch es sieht nicht danach aus.

« Flieht Dionysos vor Ariadne?»

Der erste Versuch des Jüngers, das «sonderbare Rätsel» Wagner zu lösen und sich dabei auch über die Rolle Cosima-Ariadnes Klarheit zu verschaffen, blieb von der Nietzsche-Literatur unbemerkt: Seine Entwürfe zu einem geplanten, aber nie ausgeführten Drama «Empedokles» wurden als «eine Art Selbstporträt» des Autors gedeutet, als eine «Maske», wie Biograph Curt Paul Janz meinte, in der er selbst «wunschhaft auftritt». Meist liegt man richtig, wenn man Nietzsche in seinen mythologischen Figuren wiederfindet, in diesem Fall nicht. Seine «Empedokles»-Skizzen von 1870/71, als er im preußisch-französischen Krieg ein traumatisches Gastspiel als kranker Sanitäter gab, kreisen nicht um ihn selbst, sondern um einen gottgleichen Menschen, der an der Welt verzweifelt und sich in schwere Schuld verstrickt – sie kreisen, ohne zu einem Ziel zu kommen, und brechen, wie die kleistartige Novelle, die er zur gleichen Zeit begann, mitten im Versuch ab.

Nietzsches Titelheld, der Wanderphilosoph aus Agrigent, galt schon zu Lebzeiten als «Wundermann und Zauberer», dessen Leben und Gedankenwelt weniger populär wurden als sein spektakulärer Todessprung in den Ätna. Als Prediger der Seelenwanderung stand er über dem Gegensatz von Leben und Tod, als Seele, die sich in Jungen wie Mädchen inkarniert hatte, über dem der Geschlechter. Unzertrennlich von ihm sieht die Legende seinen «Liebling» Pausanias, der bei Hölderlin zu dramatischen Ehren kam und, nach des Empedokles Tod, die «eisernen Schuhe des Meisters» wiederfinden durfte, «die der Feuerauswurf aus dem Abgrund geschleudert hatte». Als Empedokles im vierten Jahrhundert vor Christus im Vulkan oder, wie die Historiker glauben, in der Emigration starb, zählte er sechzig Jahre. Als der 27jährige Nietzsche sein «Empedokles»-Drama entwarf, fehlten seinem Vorbild Wagner dazu gerade zwei Jahre.

Vermutlich war es der Wanderphilosoph Ernst Ortlepp gewesen, der den Schüler Nietzsche in Schulpforta auf Hölderlins «Tod des Empedokles» aufmerksam machte, bevor er selbst bei einem Sturz, wenn auch nur in den Straßengraben, ums Leben kam. «Daß einer so die Menge bewegt», hatte der junge Nietzsche hier über Empedokles lesen können, «mir ist's, als wie wenn Jovis Blitz den Wald ergreift, und furchtbarer.» Das war seine Welt: der übermenschliche Philosoph voll «göttlicher Hoheit», dessen Wort vom Volk aufgenommen wird, «als käm es vom Olymp». In einem Aufsatz pries der Siebzehnjährige des Empedokles Tod aus «Götterstolz, aus Menschenverachtung, aus Erdensattheit» und hörte dabei, in gespenstischer Vorahnung seines eigenen Schicksals, «das Grab eines jahrelangen Irrsinns» als «Zukunft des unglücklichen Dichters» Hölderlin aus der «Empedokles»-Dichtung herausklingen.

Zehn Jahre später nennt Nietzsche sein neues Idol Wagner einen «Jupiter» und weiß sich gnadenvoll in dessen Olymp am Fuß der Schweizer Berge aufgenommen. Für ihn verkörpert Empedokles die pessimistische Philosophie, die sich in den Tragödien des Aeschylus und den Musikdramen Wagners ausdrückt. Wie der Herr von Tribschen, so schreibt Nietzsche, behandelt sich der Philosoph mit «einer übermenschlichen Schätzung», die ihn zum titanenhaften Umsturz der Gesellschaft befähigen soll: zur Vernichtung der gottfernen Wissenschafts- und Vernunftherrschaft, zur Rückkehr zu den ekstatischen Mysterien des Ursprungs. Doch als Empedokles seinem Volk als «panhellenischer Reformator» eine neue Mythologie der «Liebe, Demokratie, Gütergemeinschaft» schenken will, scheitert er, wie auch

Wagner mit seiner Revolution im Zeichen des «rein Menschlichen», und wird für Nietzsche damit zum Urbild des «mißlungenen Reformators».

Was aber bleibt, wenn die Götter vernichtet sind und für die Leiden der «menschlichen Existenz» kein metaphysischer Trost mehr bereitsteht? Nur die Kunst, das Musikdrama, die Beschwörung des rauschhaften Gottes Dionysos, dessen Taumel das «visionäre Traumbild» erzeugt, das über Todesgrauen und Zivilisationsekel hinwegträgt. Zum Propheten dieser ekstatischen Entrücktheit ernennt Nietzsche Empedokles, der für ihn «Liebe und Kuß der ganzen Welt» verkörpert und außerdem als erster Denker die «Geschlechtsliebe ... rein gefaßt», als Wesen der Welt den «universalen Geschlechtstrieb» enthüllt hat. Und in Richard Wagner sieht er des Empedokles theatralische Wiedergeburt.

Kaum aus dem Krieg zurückgekehrt, genesen von lebensgefährlicher Lazarettepidemie und immer noch leidend unter «Nervenaufregung» und der Erinnerung an einen «nie endenwollenden Klagelaut» auf den Schlachtfeldern, versucht Nietzsche sich an einem ersten Entwurf des «Empedokles»: Als tragischer Held, der die alten Götter gestürzt hat und dafür zum König ernannt wird – «Die Krone wird ihm von der schönsten Frau dargebracht» –, muß Empedokles erleben, wie in seiner Stadt die Pest ausbricht, die Menschen an seiner Allmacht zu zweifeln beginnen.

Seine Antwort auf das Rätsel der leidenden Menschheit, die Ausrichtung «großer Schauspiele, dionysischer Bacchanale» – wie in Wagners Bayreuth –, nimmt den Grundgedanken der ein Jahr später veröffentlichten «Geburt der Tragödie aus dem Geiste der Musik» vorweg: Von der «Pest des Lebens» kann nur die Tragödie heilen, in der die Menschen über die «Schrecken des Daseins» aufgeklärt und zugleich, im dionysischen Taumel, hinweggehoben werden. Durch das «göttergleiche Traumbild» der Kunst, das sich nur dem Berauschten enthüllt, findet das Leben seine Rechtfertigung.

Doch nur wenigen steht dieser Weg des Heils offen. Neben der kleinen Elite «tragischer Menschen», die durch die dionysische Kunst Befreiung finden, bleibt die Masse, auf die nach stumpf durchlittenem Leben ein qualvolles Ende wartet, der blinden Gier des Schopenhauerschen Weltwillens ausgeliefert. Deshalb greift Empedokles, voll Mitleid und Daseinsekel, zu einem Radikalmittel, das in Nietzsches lokkerer Dramenskizze wie ein Hammerschlag wirkt: Sein Held «beschließt, bei einer Leichenfeier das Volk zu vernichten, um es von der Qual zu befreien» – nicht allein von der Pest, sondern vom Dasein überhaupt, das Empedokles mit dem Fluch des sinnlosen «Wollens» behaftet weiß. Nur die Massentötung kann davon gründlich heilen.

Die Vernichtungsphantasien des späten Nietzsche, der zu «schonungsloser Härte gegen das Entartende und Parasitische» aufruft und in der «Vernichtung des Lebens das Abzeichen einer höheren Art Seelen sieht», wurden von seinen Deutern als Symptome des keimenden Wahnsinns erklärt. Doch die Ansätze finden sich bereits im «Empedokles». Die Anregung zu dieser Erlösung durch Ausrottung aber lieferte ihm nicht der historische Philosoph, sondern die anarchistische Gedankenwelt des Empedokles-Vorbilds Richard Wagner. Seit dem Revolutionsjahr 1849, in dem er am gewaltsamen Umsturzversuch mitgewirkt hatte, träumte er vom Niederbrennen der Städte und der Zerstörung der modernen Massenzivilisation, um seinem griechischen Menschheitsideal zum Durchbruch zu verhelfen. Erst aus den Trümmern der degenerierten Gesellschaft würde sich seine tragische Zukunftskultur erheben, wie später für den «Zarathustra»-Autor der Untergang des «letzten Menschen» mit dem Triumph des Übermenschen zusammenfallen sollte.

Wagner hatte, nach dem Scheitern des Dresdener Aufstands und seiner Flucht als steckbrieflich gesuchter Rädelsführer in die Schweiz, für seine kulturerneuernde Zerstörungswut ein neues Ziel gefunden: Fortan konzentrierte er sich auf jene Menschheitsgruppe, die er zum Hauptschuldigen am gesellschaftlichen Ruin wie im besonderen auch an der künstlerisch-musikalischen Dekadenz abstempelte, und stürzte sich mit seinem 1850 erstmals veröffentlichten Artikel «Über das Judentum in der Musik» auf die ohnehin zur Diskriminierung freigegebene Minderheit, durch deren Ausschaltung allein, wie er versicherte, eine neue, «rein menschliche» Kultur entstehen könne. In seinem Elaborat nannte er dieses Ziel, metaphorisch verschlüsselt, den «Untergang Ahasvers», später, als der Antisemitismus salonfähig geworden war, die «große Lösung», nach der es «auch – keinen Juden mehr» gibt. Seinem Helden Empedokles, dem er die Züge Wagners verlieh, hat Nietzsche einen ähnlichen Gedanken souffliert: «Er beschließt Vernichtung des Volks, weil er dessen Unheilbarkeit erkannt hat.»

Der eigentliche Gegenstand des «Empedokles»-Dramas aber ist jene Tragödie, zu deren Mitwisser Nietzsche in Tribschen geworden war: die Geschichte von Cosimas Verrat an Hans von Bülow, die mit dessen «Untergang» und dem Triumph des Theatergottes Wagner endete. Wie dieser die Rolle des Empedokles spielt Cosima die der Corinna, der «schönsten Frau», die dem «gottgleichen» Philosophen die «Krone» überreicht, und Bülow die seines Lieblings Pausanias. Als Corinna entdeckt, daß ihr Verlobter Pausanias von der Pest befallen ist, will sie zu ihm eilen, wird aber von Empedokles zurückgehalten, den die Eifersucht auf den Jüngeren übermannt. Der überraschten Corinna «entdeckt» er «seine Liebe zu ihr. Sie gibt nach» und «erglüht für ihn». Den verratenen Geliebten läßt Nietzsche, unter entsetzlichen Flüchen, zugrunde gehen, während Empedokles, im Bewußtsein seiner Schuld, den Tod im Ätna sucht.

Um seinem theorielastigen Theaterstück die erwünschte Bühnenwirkung zu verschaffen – schließlich stand er in Konkurrenz mit Wagners bewährten Musikdramen –, griff

Nietzsche zu einem bekannten Kunstmittel: der Tragödie in der Tragödie. Kein Mythos eignete sich dafür besser als der von Dionysos und Ariadne, dessen Szenerie, der Strand von Naxos, an den Tribschener Ehebruchsschauplatz am Vierwaldstätter See erinnerte. Heldin Corinna soll die Prinzessin spielen, die ihrem Theseus, dargestellt von Pausanias, durchs Labyrinth geholfen hat, um nun, am öden Strand der Insel, vom Geliebten aus undurchschaubaren Gründen verlassen zu werden. König Empedokles hatte die Aufführung des dionysischen Spektakels angeordnet und sich selbst darin die Rolle des Gottes zugedacht. Doch auf der Bühne, vor der sich das Volk von Agrigent versammelt hat, kommt es zu einer überraschenden Entwicklung: Kaum ist Theseus abgetreten, um Ariadne ihrer Klage zu überlassen, erscheint der als Dionysos geschmückte Empedokles und wendet sich, statt an die schmachtende Prinzessin, dem Volk zu. In der Maske des Gottes verkündet er seine apokalyptische Botschaft von Tod und Wiedergeburt – Raserei und «Todestaumel des Volkes» brechen aus. Was als Theater begann, entwickelt sich zum «dionysischen Bacchanal».

Gerade in diesem Augenblick, wo der Titelheld sich einer Menschheit offenbart hat, die ihn ekstatisch als ihren Gott preist – Nietzsche mochte sich dabei an Wagners «Tristan»-Triumph von 1865 erinnert haben –, läßt er, aus Eifersucht, Corinnas Verlobten, seinen Lieblingsjünger Pausanias, ermorden. War dieser noch im ersten Entwurf an der Pest gestorben, fällt er nun der Lebensgier des Entsagungsphilosophen zum Opfer. «Böse Vernichtungslust des Empedokles rätselhaft kundgegeben», notiert Nietzsche, den «Rätselmenschen» Wagner vor Augen.

Nietzsche will es nicht dabei bewenden lassen, sondern der göttlichen Nemesis zu ihrem Recht verhelfen. Empedokles, der seinen besten Freund opferte, um dessen Frau an sich zu reißen, hat, so der Dramenautor, allen Grund zum Sühnetod. Der angebliche Erlöser vom Lebenswillen, der sich als dessen skrupellosester Agent erwiesen hat, «fühlt sich als Mörder, unendlicher Strafe wert», und hofft auf «eine Wiedergeburt des Sühnetodes». Während das Volk vor ihm flüchtet, erklimmt er den Krater, Corinna ihm dicht auf den Fersen, und eilt zu den «Lavaströmen», die der zornige Vulkan ihm entgegensendet.

Hier wartet Nietzsche mit einer weiteren Überraschung auf: Statt des wagnerüblichen Liebestodes, der vom «Fliegenden Holländer» bis zum «Tristan» die im Leben Getrennten im Sterben vereint sein läßt, legt Nietzsches Empedokles keinen Wert auf Corinnas Selbstopfer. Dem brüsk sich abwendenden Geliebten, der in der Glut des Ätna entschwindet, ruft die im Stich gelassene Frau die rätselhaften Worte nach: «Flieht Dionysos vor Ariadne?» Obwohl sie ohne Antwort bleibt, läßt Nietzsche keinen Zweifel daran, daß der Philosoph sich der Frau entzieht, daß die verlassene Corinna allein sterben muß.

Der Grund für diese als Dramenschluß befremdliche Wendung lag in Nietzsches nicht weniger befremdlichem Frauenbild. Die Hingabe eines tragischen Philosophen, da wußte er sich mit den meisten Denkern des Altertums einig, kann schon deshalb keinem Weibe gelten, weil zwischen ihnen keine Ebenbürtigkeit besteht. Nur in Empedokles' Gefühlsaufwallung, die der Autor als «lächerliche Verliebtheit» bezeichnete, weil sie sich in Wahrheit nicht an Corinna, sondern am Konkurrenzkampf mit seinem Jünger Pausanias entzündete, konnte das Weib ihm als Partnerin erscheinen – an bleibende Gemeinschaft war dabei nicht gedacht. Auch in seinen philosophischen Notizen aus der Zeit des Dramenexperiments äußerte Nietzsche sich mit Platon abfällig über die «lächerliche Kultur des Weibes», dem die Natur, im Gegensatz zum gängigen Vorurteil, nur eine einzige Aufgabe zugedacht hat: «Das Weib hat zu gebären und ist deshalb zum besten Berufe des Menschen da, als Pflanze zu leben.» Sobald dieses Gewächs aber, wie im Fall «troischer Krieg», in die Männerwelt hineinwuchert, bringt es Unglück: «Das Weib als Quelle des Übels.»

Glaubte Nietzsche wirklich, daß auch Wagner so empfand? Daß er, gleich ihm, das andere Geschlecht nur so lange als reizvoll ansah, als er sich dabei in Konkurrenz mit anderen Männern wußte, und daß sein Verführungsimpuls, bei Aussicht auf Erfolg, sogleich in Absetzbewegungen überging, die der verschmähten Angebeteten wie Flucht erscheinen mußten? Auch in der «Klage der Ariadne» sucht der gefürchtete Gott gerade in dem Augenblick das Weite, wo sein Opfer, längst liebesbereit, von ihm Hingabe fordert: «Da floh er selber ...» Nahm Nietzsche wirklich an, daß sein Empedokles-Vorbild ähnliche Probleme mit Frauen hatte, jener Wagner, der mit leidenschaftlichen Liebesszenen auf der Opernbühne berühmt geworden war und ein ganzes Register legendärer Ehebrüche hätte absingen können? Warum sollte gerade er, dieser verführerische Dionysos, vor dem Weib fliehen? Nietzsches Antwort, zu der er erst 1888 den Mut fand, lautete: Weil er selbst eines war.

Ohne Zweifel besaß Wagner eine weibliche Seite, die sich vor seinem Verehrer kaum verbergen ließ. Seine Lust an verschwenderischen Stoffen und Parfüms, an schwüler Innendekoration im Makart-Stil, vor allem sein unbezwinglicher, von Cosima entschieden mißbilligter Hang zur auffälligen Verkleidung, der auch vor Damenroben und -negligés nicht haltmachte: das alles hatte bei seinem Jünger zu entsprechenden Schlüssen geführt. Darüber hinaus verfügte der Kostümfanatiker über das raffinierte Talent, junge Männer in sich verliebt zu machen, was oft als Indiz dafür gedeutet wurde, daß er selbst auch homosexuell ansprechbar war. Er war es vermutlich nicht, aber er empfand das Bedürfnis, sich mit Männern zu umgeben, die es offensichtlich waren – eine Tradition, die noch lange nach Wagners Tod die Bayreuth-Atmosphäre um seinen «femininen» Sohn Siegfried prägte. So rief 1895 Oskar Panizza den Besuchern des «Parsifal», den er als «geistige Kost für Päderasten» bezeichnete, höhnisch zu: «Zieht in den Berg der *Venus masculinus* ein», während sich Festspielgast Alban Berg 1909 zu dem bösen Satz hinreißen ließ, er lasse sich durch das «grausliche Heer von homosexuellen Wagnerianern» seinen Wagner nicht «vergällen».

Erst nach dem «Bruch» drängte es Nietzsche mit seinem Wissen an die Öffentlichkeit. «Wagner war in alten Tagen», so plauderte er 1888 im «Fall Wagner» über die gemeinsame Zeit, «durchaus feminini generis». Diese «Weiblichkeit» wiederum hing, wie Nietzsche in anderem Zusammenhang verriet, mit dem Irrgarten des zweigeschlechtlichen Gottes zusammen, jenem «Labyrinth der modernen Seele», für das er keinen «eingeweihteren Führer» kenne als Richard Wagner. Dies Ungeheuer an «Zweideutigkeit» und «Doppelsinn», das, wie Nietzsche warnte, die «Freunde» mit seinen «Femininismen» vergiftete, wurde von ihm als «alter Minotaurus!» ans Licht gezogen, dem man alljährlich «Züge der schönsten Mädchen und Jünglinge in sein Labyrinth» führt, «damit er sie verschlinge». Als der ehemalige Wagner-Jüngling dies haßerfüllt niederschrieb, war sein Minotaurus schon fünf Jahre tot, und Ariadne herrschte im Bayreuther Labyrinth.

Der Geist,
der Tragödien gebiert

Nietzsches «Geburt der Tragödie aus dem Geiste der Musik», die ihn 1872 in Wagner-Kreisen mit derselben rätselhaft schillernden Aura umgab, die zwanzig Jahre später, nach Ausbruch seines Wahnsinns, in ganz Europa zu seinem Erkennungszeichen wurde, entstand unmittelbar nach den «Empedokles»-Entwürfen und blieb bis heute unverstanden wie diese. «Immer noch bleibt dieses Werk», schrieb Nietzsche-Herausgeber Giorgio Colli, «aus einer kritisch-historischen Sicht weitgehend mysteriös.» Dabei errang kaum ein Nietzsche-Buch mehr Popularität: Sein Gegensatzpaar «dionysisch-apollinisch» fand Eingang in die gehobene Umgangssprache, seine die Grenzen der klassischen Wissenschaft überschreitende Umdeutung des Griechentums gipfelte in einem durchaus zeitgemäßen Lobgesang auf Richard Wagners «Gesamtkunstwerk»: Der «Ring des Nibelungen» stellte, nach Nietzsche, eine neugeschaffene Orestie dar, sein Schöpfer einen wiedergeborenen Aeschylus, das über die Franzosen triumphierende Kaiserreich den würdigen Nachfolger Athens. Doch all das, meinte Giorgio Colli, treffe nicht die eigentliche Botschaft. Sie werde dem Leser erst durch eine «Einweihung» zugänglich, deren geistige Stufen er «erreichen und überwinden muß, um in die visionäre Welt der ‹Geburt der Tragödie› eindringen zu können».

Der Autor, den es 1886 drängte, eine «Selbstkritik» seines Tragödienbuches nachzureichen, sah das ähnlich. Als er dies Werk, damals noch als Basler Professor unter der «Kapuze des Gelehrten» verborgen, schrieb, sei es ihm einzig darum gegangen, «Mitschwärmer zu suchen und sie auf neue Schleichwege und Tanzplätze zu locken» – nicht als Gelehrter, wie sich versteht, sondern als «Jünger eines noch ‹unbekannten Gottes›», der die mystische Initiation in seine Geheimphilosophie nicht an Orten geselligen Vergnügens vornehmen wollte, sondern in den verschlungenen Wegen des Labyrinths, in dem schon antike Autoren einen kultischen Tanzplatz vermuteten: Der Reigen führt die Tanzenden durch die immer engeren Spiralgänge des Irrgartens in den Stillstand des Todes, wo er in die entgegengesetzte Richtung des wiedergeborenen, immer weitere Kreise ziehenden Lebens umschlägt. Jeder Geburt, sagt die Mysterienweisheit, geht ein Untergang voraus.

Die Erfahrung des lebenstiftenden Todes wurde zur geheimen Botschaft des Tragödienbuches: Entstanden, wie der Autor in seinem «Vorwort an Richard Wagner» schrieb, in den «Schrecken und Erhabenheiten des eben ausgebrochenen Krieges», in dessen Kanonendonner er sich «zu diesen Gedanken sammelte», gab das Buch, in metaphorischer Verkleidung, Nietzsches dionysisches Wissen um den Hades-Herrn preis, der als Gott des lustvollen Lebens wiedergeboren wird. Auch der Mensch, so der Dionysos-Jünger, finde nur durch Vernichtung seiner falschen Gesellschaftsidentität sein wahres Naturwesen wieder. Seine Weheschreie über das Weltleiden verwandeln sich in den Klagegesang, aus dessen dionysisch entfesseltem Geist die Tragödie geboren wird. Sie erzählt als einzige Geschichte die «Leiden des Dionysos», dem in den wechselnden Masken der Theaterhelden immer dasselbe Schicksal widerfährt: gequält und zerrissen zu werden. Doch weil er damit das Schicksal der todesverfallenen Menschen am eigenen Leib erlebt, wird er in deren musikalischer Ekstase, dem Leidensgesang der tragisch-erschütterten Jünger, als Traumbild neu geschaffen, verklärt zur apollinischen Schönheit des Aeschyleischen und Wagnerschen Dramas.

Im tragischen Kunstwerk, so versichert Nietzsche, steht nicht «bloßes Theater», sondern die Wirklichkeit selbst auf dem Spiel. Deren «Schrecken und Entsetzlichkeiten» setzen der Menschheit ebenso zu wie der Geier dem Helden Prometheus. Gespeist aus den Alpträumen seiner Kindheit, dem Kriegsgrauen von 1870/71 und der existentiellen Verunsicherung durch seinen Musik-Gott Wagner, entlud sich Nietzsches eigene Todeserfahrung in der Vision des Tragödienbuches: Nur als «ästhetisches Phänomen» ist das «Dasein der Welt gerechtfertigt», nur in der Kunst, nicht im Menschen, liegt der Sinn des Lebens – und wenn dessen Leiden zur «entzückenden Vision» der Kunst führen, haben sie ihren metaphysischen Zweck erfüllt. Mit diesem gefährlichen Gedanken glaubte Nietzsche den Faden in der Hand zu halten, um sich «in dem Labyrinth zurechtzufinden, als welches wir den Ursprung der griechischen Tragödie bezeichnen müssen».

«In den ersten Wochen des Jahres 1871», so hielt er in seinem Notizbuch fest, in jenen Tagen also, als in Versailles das Deutsche Reich gegründet wurde und der Autor wegen «Schlaflosigkeiten, Hämorrhoidalleiden» und «großer Angegriffenheit» Urlaub vom Wintersemester in Basel beantragte, kam ihm der entscheidende Einfall, wie sich die Wirklichkeit nicht nur auf der Bühne in Kunst verwandeln läßt. Die «Welten des Apollinischen und Dionysischen», so schrieb er, hätten, wie das gesamte «hellenische Leben», einem einzigen Zweck gedient: «als *Vorbereitung*» für die «*Geburt des Genius*». Er allein, der gottgleiche Schöpfer von Kunstwerken, stelle «Zielpunkt und letzte Absicht der Natur» dar, die zu seiner Hervorbringung auch zu unmenschlichen Mitteln greife – «denn die Natur ist auch, wo sie das Schönste zu erschaffen angestrengt ist, etwas Entsetzliches». Damals wie heute, so der Autor, quält sich die Menschheit, «um ein elendes Leben elend weiter zu perpetuieren», und täuscht sich mit Begriffen wie «Würde des Menschen» oder «Würde der

Arbeit», diesen «dürftigen» Illusionen eines «sich vor sich selbst verbergenden Sklaventums», über die unerträgliche Wahrheit hinweg.

Dabei zeigte das Griechentum, daß eine echte Kultur nur durch die Zwangsarbeit der «elenden Massen» erblühen könne. «Damit der Boden für eine größere Kunstentwicklung vorhanden ist», so Nietzsche, «muß die ungeheure Mehrzahl im Dienste einer Minderzahl *über* das Maß ihrer individuellen Notwendigkeit hinaus der Lebensnot sklavisch unterworfen sein.» Die sei nun einmal «die grausame Grundbedingung jeder Bildung», versichert er, «da zum Wesen einer Kultur das Sklaventum gehöre».

Die tragische Kultur vergleicht Nietzsche deshalb mit einem «bluttriefenden Sieger», der «bei seinem Triumphzuge die an seinen Wagen gefesselten Besiegten als Sklaven mitschleppt» – jedenfalls sieht er darin die edelste Bestimmung der Massen, gleichsam die ästhetische Rechtfertigung ihres Daseins. So wurzelten «die ungeheuren sozialen Notstände der Gegenwart», die ihm durchaus nicht verborgen blieben, gerade nicht in der Sklaverei, sondern «der Verzärtelung der neueren Menschen», zu deren Abhilfe er nur das «im Wesen der Natur liegende Gegenmittel» empfehlen könne, eben die seit den Tagen Athens bewährte «*Sklaverei*, sei es auch unter mildernden Namen».

Daß es überhaupt zu dieser Verzärtelung und Degenerierung des Volkes kommen konnte, führt Nietzsche auf die «Verbreitung der liberal-optimistischen Weltanschauung» zurück, in deren Hintergrund er jene Macht zu erblicken glaubt, die Wagner auch für den Niedergang der Musik verantwortlich machte: die Juden. Diese «wahrhaft internationalen heimatlosen Geldeinsiedler», die er nicht beim Namen nennen, wohl aber als «Wurzel» für «alle Übel der sozialen Zustände» anprangern möchte, stünden einer durch Wagners Musikdrama und den Sieg über Frankreich vorbereiteten deutschen Kulturblüte im Wege. Das «einzige Gegenmittel» gegen diese «eigensüchtigen staatlosen» Ungenannten, in deren «sonderbare Hände» die «moderne Geldwirtschaft» geraten sei, könne nur «der Krieg und wiederum der Krieg» sein. Und den feiert der Neugrieche in dithyrambischer Verzückung: «Fürchterlich erklingt sein silberner Bogen», schwärmt er über den kriegerischen Apoll, der als «rechter Weihe- und Reinigungsgott» den Staat mit seinen treffsicheren Geschossen auch von den unwürdigen Geldeinsiedlern reinigt – «und überall lodern die Holzstöße mit Leichnamen».

Die makabre, vermutlich von Wagner inspirierte Sklaven- und Mordphantasie hat Nietzsche nach seinem Weihnachtsbesuch in Tribschen 1870 niedergeschrieben, doch nicht, wie geplant, in seine «Geburt der Tragödie» aufgenommen. Statt dessen widmete er die Aufzeichnung mit der kaum verschlüsselten Kriegserklärung an das «internationale» Judentum Jahre später seiner Tribschener Gastgeberin: «Für Frau Cosima Wagner in herzlicher Verehrung und als Antwort auf mündliche und briefliche Fragen, vergnügten Sinnes niedergeschrieben in den Weihnachtstagen 1872.» Die weltkluge Diplomatin reagierte kühl. Gewisse Dinge sage man einfach nicht, so gab sie ihm zu verstehen, und am wenigsten «mit vergnügtem Sinn» – «ich kann mir nämlich diesen gar nicht vorstellen». In ihr Tagebuch trug sie ihr Befremden über die «ungeschickte Schroffheit» des Jüngers ein, bei allerdings «immer großem Tiefsinn des Empfundenen».

Nach der Übersendung der «Geburt der Tragödie» Anfang 1872 war die Reaktion der Tribschener noch enthusiastisch gewesen. Zwar hatte man, wie Wagner in seinem Dankbrief mahnend erwähnte, an Nietzsche «auffällige Beunruhigungen wahrgenommen», die sich «in fast regelmäßigen Perioden so bestimmt wiederholen, daß wir uns schließlich zu einer, ernst freundschaftlichen, Vorsicht für unsern Verkehr mit Ihnen angehalten fühlten», doch sei dies durch sein neues Werk wettgemacht worden: «Schöneres als Ihr Buch habe ich noch nichts gelesen!» schrieb der Meister in bewußter Übertreibung und fügte, als wolle er es auf die Spitze treiben, die Liebeserklärung an: «Zu Cosima sagte ich, nach ihr kämen gleich Sie: dann lange kein anderer, bis zu Lenbach, der ein ergreifend richtiges Bild von mir gemalt hat» – womit Wagner das Kriterium der Sympathie-Rangliste gleich mitlieferte. Auch aus Nietzsches Buch war ihm offenbar sein eigenes Bild entgegengetreten, das ihm sonst nur Cosima im Spiegel ihrer Bewunderung vorhielt.

Doch wie das «ergreifend richtige» Lenbach-Porträt bei ihm schon bald in Ungnade fallen sollte, entdeckte er auch im Tragödienbuch Befremdliches: eigene Gedanken, die der Jünger für sich reklamierte, dazu eine Widmung, in der Nietzsche ihn keck als «meinen erhabenen Vorkämpfer» bezeichnete. Nachdrücklich erinnerte der Meister daran, daß nicht der Jünger, sondern er im Mittelpunkt stehe: «Tief und weit blicke ich mit Ihnen, und unabsehbar weite Gebiete hoffnungsvollster Tätigkeit eröffnen sich vor mir, – vor mir – mit Ihnen zur Seite.» Die Wiederholung unterstrich, wer von ihnen der Visionär und wer der Assistent war.

Den wahren Päan aber stimmte Cosima an. «O wie schön ist ihr Buch! Wie schön und wie tief, wie tief und wie kühn!» schrieb sie und ernannte Nietzsche – auf eine Übertreibung mehr oder weniger sollte es nicht ankommen – zum «Wagner-Allwissenden». Noch am Tage der Ankunft des dionysisch-apollinischen Traktats verteilte der Meister die Rollen ihres gemeinsamen Stückes neu: «Mich nennt er seine Priesterin des Apollo», notierte Cosima in ihr Tagebuch, er dagegen vertrete «das dionysische Element». Für Nietzsche, den hochgelobten Autor, blieb nur die Rolle des Herolds: Wagner «hofft, in Bayreuth eine Revue zu gründen, deren Redakteur Pr. Nietzsche sein würde». Die Revue, die später unter dem Namen «Bayreuther Blätter» Wagners Gedankengut popularisierte – Nietzsche-Freund Rohde nannte sie nur «das Wurschtblatt» –, sollte den kulturerneuernden Zielen dienen, die Wagner auch in Nietzsches «Geburt der Tragödie» wiederfand.

Über die geistige Urheberschaft daran war man sich in Tribschen ohnehin einig. «Hat ihn mein Einfluß hierbei geleitet», schrieb Wagner seinem Neffen Clemens Brockhaus, der mit Nietzsche befreundet war, «so kann niemand besser als ich beurteilen, wie tief innerlich mein Gedanke das Eigentum dieses ... Mannes geworden ist» – «mein Gedanke», betont Wagner, und auch Cosima wurde nicht müde, den Lehenscharakter des Geistesgutes hervorzuheben. «Als er die ‹Geburt der Tragödie› beinahe vor unseren Augen entwarf», schrieb sie später, und eigentlich nur «für uns verfaßte», sei Nietzsche noch «gänzlich frei» gewesen von seiner leidigen «Selbständigkeits-Sucht» und habe sein Buch als Frucht seiner Beschäftigung mit den Schriften des Meisters verstanden. «Und seit wann», schrieb sie weiter, «wären die Apostel, welche einen Gedanken zu verwirklichen die Tugend haben, etwa als bloße Nachstammler gering geschätzt worden? Ist es nicht ganz ihr eigenes Wesen, welches sie dazu treibt, den Meister zu vertreten, zu erläutern, ein jeder nach seiner Art.»

Auch Wagner pochte auf sein geistiges Eigentum. Schon vor Erscheinen des Nietzsche-Werkes wies er den Apostel darauf hin, daß dessen ‹Tragödien›-Botschaft vom Dionysischen und Apollinischen seine ureigenste Vision sei, die ihn bereits vor über zwanzig Jahren zu den Züricher Revolutionsschriften angeregt habe. «Noch dieser Tage», schrieb er im November 1871 an Nietzsche, «schweifte mein Blick von dem Genellischen Dionysos unter den Musen mit wahrem Erstaunen, wie über einen plötzlich verstandenen Orakelspruch, auf Ihre letzte Arbeit (d. h. soweit ich sie kenne!). Das ist ein merkwürdiger, ja wunderbarer Zusammenhang, ich möchte sagen meines ganzen Lebens mit sich selbst, welchen ich in Ihrem Gedanken, von jenem Bilde ab, mir dargestellt sehe.» Es handelte sich dabei, wie Nietzsche seinem Freund Rohde verriet, um «das bei Wagner in Tribschen hängende Aquarell» des klassizistischen Malers Bonaventura Genelli, auf dem Dionysos umgeben von Apollos Musenchor dargestellt war.

Der dem Rausch ergebene Frühlingsgott und die abgeklärten, in olympischer Gelassenheit ruhenden Musen galten allgemein als unvereinbare Gegensätze. Hier, auf Genellis Aquarell, waren sie vereint, um allen sichtbar zu demonstrieren, daß die Ekstase des Musikgottes untrennbar mit den apollinischen Einzelkünsten des Musenreigens verknüpft war – für Wagner eine Prophezeiung jenes «Gesamtkunstwerks» der Zukunft, in dem die vom kulturellen Niedergang auseinandergerissenen Schwestern wieder mit ihrem musikalischen Bruder zusammentreten, um das neue Musikdrama hervorzubringen: den «Ring des Nibelungen».

Nietzsche hatte die Schriften, in denen Wagner die Geburt seiner Tragödie vorbereitete, schon 1868 in Leipzig studiert und ein Jahr darauf im Hause des Autors, «in meiner reizenden Stube mit freistem Anblicke des Vierwaldstätter Sees», erneut vorgenommen. Was ihm hier, ergänzt durch Wagners mündliche Kommentare, vor Augen geführt wurde, war ein politisches Programm, dessen Ziele nicht länger, wie zu Dresdener Zeiten, Demokratie und Menschenrechte lauteten, sondern in einem kultischen Theater gipfelten, das die Menschwerdung Gottes, damit auch die Gottwerdung des Menschen, zelebrierte. Nur in der Blütezeit Athens hatte sich ein ähnliches Mysterium ereignet, war der marmorne Apollo von den Tempeln herabgestiegen und zu «wirklicher lebendiger Kunst» geworden, zum sprechenden Bühnenhelden: «Und so sah ihn, den herrlichen Gott», hatte Wagner in Zürich geschrieben, «der von Dionysos begeisterte tragische Dichter.» Und so erlebte ihn, im Hause Wagners, der von dessen Gedanken begeisterte Jünger.

Doch die athenische Kultur, in der Tragödie und vergöttlichtes Menschentum blühten, ging zugrunde. Die Künste, die hier wie in «einem Brennpunkte» zusammengewirkt hat-

«Unter dem Schutz von Anonymität und Pseudonymität Hiebe austeilen»: Wagner, hier 1876 in Bayreuth, fertigte seine Gegner gern aus dem Hinterhalt ab – in Nietzsche zog er sich einen Nachfolger im publizistischen Grabenkampf heran; doch der wollte bald nicht mehr

ten, traten auseinander, das Theater verkam vom «Gottesfest» zum Genußmittel: Symptom einer von allen Göttern verlassenen Welt. In diesem Augenblick der äußersten Dekadenz tritt der Meister auf die Bühne, um durch die «Wiedergeburt» der Tragödie in der Vereinigung aller Künste, seinem «Gesamtkunstwerk», die darniederliegende Gesellschaft zu ihrer klassischen Würde zu erheben. Auf seiner Bühne werden die zukünftigen «Feste der Menschheit» stattfinden, in denen der germanische Held, dieser «freie, starke und schöne Mensch die Wonnen und Schmerzen seiner Liebe feiern» und am Ende, wenn die Götter dämmern, «würdig und erhaben das große Liebesopfer seines Todes vollziehen» soll.

So spricht der Kulturrevolutionär Wagner, der sich im Züricher Exil 1850 den mißlungenen Aufstand von der Seele schreibt. Doch kaum einer nimmt ihn zur Kenntnis, weil seine Vorbilder, Schelling und Hegel, auch deren Schüler Feuerbach, dem er eine seiner Schriften widmet, längst passé sind. Wagner hat sich ein Leben lang darüber beklagt, daß er nicht gelesen, und wenn gelesen, dann nicht verstanden wurde. In Nietzsche hatte er einen Leser gefunden, von dem er sich verstanden fühlte.

Vielleicht zu gut. Denn die verklärte Welt, die Nietzsche in Wagners revolutionärem Nachlaß entdeckte, hatte er sich, mit anderem Schwerpunkt, schon auf dem Internat erträumt: eine Männerkultur der tapferen, von weisen Führern angeleiteten Jünglinge, die ihr Leben dem Kampf und der Schönheit weihen – der reinen Männerschönheit, wie sie sich im leuchtenden Apollo verkörperte. «Nicht den weichlichen Musentänzer», schrieb Wagner einst für seinen zukünftigen Leser, «haben wir uns zur Blütezeit des griechischen Geistes unter Apollo zu denken; sondern mit den Zügen heiteren Ernstes, schön, aber stark, kannte ihn der große Tragiker Aischylos. So lernte ihn die spartanische Jugend kennen, wenn sie den schlanken Leib durch Tanzen und Ringen zu Anmut und Stärke entwickelte; wenn der Knabe vom Geliebten auf das Roß genommen und zu kecken Abenteuern weit in das Land hinaus entführt wurde.»

Eben das hatte Nietzsche sich in den Tagen von Schulpforta zum Vorbild erkoren und noch in seiner Basler Antrittsrede 1869 als jenes «ideale Altertum» bezeichnet, das «vielleicht nur die schönste Blüte germanischer Liebessehnsucht nach dem Süden ist». Das Wunschbild, von Winckelmann bis Platen in die Himmelsbläue der deutschen Schreibtisch-Antike gezeichnet, war von Wagner liebevoll ausgemalt worden. Sein Jünger nannte ihn den wiedergeborenen Aeschylus, wohl wissend, daß dieser bei den Athenern als «alter Weiberhasser» bekannt war. Denn die deutsch-griechische Idealkultur gründete nicht auf der Liebe zwischen Mann und Frau, von der die Kunst des untergangsgeweihten christlichen Abendlandes inspiriert war, sondern auf dem Eros zwischen Freund und Freund, zwischen «Knaben» und «Geliebtem», zwischen Jünger und Meister. Diese pädagogische Beziehung hatte nichts zu tun mit dem Weiblich-Weichlichen, das in Wagners und Nietzsches Augen die dekadente Opern- und Börsengesellschaft charakterisierte, sondern verdankte sich allein der spartanischen Härte, wie sie der schöne, aber gnadenlose Gott Apollo verkörperte, der über dieser antiken Männerkultur thronte.

Der grausame Jüngling reizenden Anblicks, der später in Nietzsches «Übermensch» welterobernde Ansprüche erheben sollte, stand im Mittelpunkt von Wagners Zukunftsgesellschaft nach dem Vorbild des «spartanischen Staatswesens». Dieses habe die «wirkliche Freude an der Schönheit des vollkommensten menschlichen, des männlichen Leibes» zur «alles durchdringenden und gestaltenden Männerliebe» kultiviert. «Diese Liebe», so Wagner, «gibt sich uns, in ihrer ursprünglichen Reinheit, als edelste und uneigennützigste Äußerung des menschlichen Schönheitssinnes kund.» Nicht die Beziehung zwischen Mann und Frau, die er in seinen Opern verherrlichte, bringe die Blüte der höchsten Kultur hervor, sondern jene andere, verschwiegene, die doch so viel «reiner» sei als die Gesellschaft, die sie mit dem Makel des Unreinen zu behaften suche. «Ist die Liebe des Mannes zum Weibe», schreibt Wagner, «in ihrer natürlichen Äußerung im Grunde eine egoistisch-genußsüchtige», so «stellt sich die Männerliebe als eine bei weitem höhere Neigung dar.» Die «Freude an der Schönheit, und zwar der ganz leiblichen, sinnlichen Schönheit des geliebten Mannes», sei, im Gegensatz zur Geschlechtsliebe, «kein egoistisches Sehnen, sondern ein vollständiges Aussichherausgehen zum unbedingtesten Mitgefühl der Freude des Geliebten an sich selbst» – Worte, auf die Nietzsche in seinem Rohde-Brief über den «doppelt genossenen» Tribschen-Besuch anspielte.

In die «Geburt der Tragödie» führt Nietzsche dies Wagnersche «Aussichherausgehen» als Wesen des Dionysischen ein. Die «wonnevolle Verzückung», die den Jünger im Rausch ergreift, bis in dessen «Steigerung das Subjektive zu völliger Selbstvergessenheit hinschwindet», bildet den Ausgangspunkt der göttlichen Vision. Diese «dionysisch-musikalische Verzauberung», so Nietzsche über seine eigene Ekstaseerfahrung, ermögliche dem Berauschten den Anblick, dem Künstler die Gestaltung der apollinischen Schönheit; nur der ekstatische Genius «fühlt aus dem mystischen Selbstentäußerungs- und Einheitszustande eine Bilder- und Gleichniswelt hervorwachsen», die sich zur Kunstform der Tragödie verfestigt – vorausgesetzt, daß «der Genius im Aktus der künstlerischen Zeugung mit jenem Urkünstler der Welt verschmilzt».

Nietzsches wunderlicher Anachronismus, der Wagners jungdeutsche Sexualmetaphorik von 1850 in seine reichsdeutsche Tragödienschrift von 1872 übernahm, fiel ebensowenig auf wie die biologische Extravaganz, mit der er seine beiden Kunstgottheiten, Dionysos und Apollo, nicht nur «miteinander gepaart» auftreten, sondern sich auch «gegenseitig zu immer neuen kräftigeren Geburten reizen» ließ.

Im selben Jahr 1850, in dem Wagner seinen neuen Menschen propagierte, holte er auch zu einem Angriff auf dessen Gegenbild aus: das mißlungene Evolutionsmodell, das für ihn im «Juden» verkörpert war. Obwohl sein «Judentum in der Musik» schon bei der Veröffentlichung einen Skandal ausgelöst hatte, legte er es 1869, mit verschärfenden Korrekturen, neu auf und gab als Grund eine Haßkampagne an, die seine Feinde gegen ihn entfesselt hätten. Auch Cosima ließ sich von Wagners paranoiden Anwandlungen anstecken. Sie fürchtete, wie sie dem Tagebuch anvertraute, daß ihr Meister, wie einst der «Erlöser», von den Juden getötet werden könnte. Als er seine Broschüre herausgab, litt sie unter «Bangigkeit» – nicht weil sie, wie ihre Biographen annahmen, den Inhalt mißbilligt hätte, sondern aus der albernen Angst, das «Weltjudentum» könnte sich dafür an ihnen rächen.

Wie Wagner selbst, der 1813 im Leipziger Judenviertel geboren wurde und seinen Stiefvater vermutlich im Verdacht hatte, nicht nur sein leiblicher Vater, sondern überdies Jude zu sein, litt auch Cosima seit ihrer Jugend an dieser krankhaften Fixierung. Ihre Großmutter, Marie Elisabeth de Flavigny, stammte aus der Frankfurter Bankiersfamilie Bethmann, die zwar protestantisch war, aber angeblich familiäre Beziehungen zu jüdischen Häusern unterhielt, was möglicherweise ihre Tochter Marie veranlaßte, dem ersten gemeinsamen Kind mit Franz Liszt den Namen Blandine-Rachel zu geben. Schwester Cosima vermied lebenslang, den Doppelnamen, der ihr «jüdisch» klingen mochte, zu erwähnen, und behielt auch die Abneigung gegen die deutsche Großmutter bei, die ihren illegitimen Enkeln die eisige Schulter gezeigt hatte.

Die nächste «böse Mutter» stand bei der streng katholisch erzogenen Cosima ebenfalls im Verdacht. Aus Haß auf die Fürstin Carolyne Wittgenstein, ihre Nachfolgerin in der Gunst Franz Liszts, hatte Marie d'Agoult Tochter Cosima geschrieben, es sei «eine Frau jüdischer Rasse», welche «in den Gängen des Vatikan ihr Leben verbringt». Cosima war überzeugt, daß allein die Fürstin für die jahrelange Trennung Liszts von seinen Kindern, indirekt auch für den frühen Tod ihres Bruders Daniel verantwortlich war. Noch 1882 nannte Cosima ihre Widersacherin eine «grauenhafte Erscheinung des jüdischen Katholizismus», offenbar nicht wissend, daß deren Antisemitismus ebenso ausgeprägt war wie ihr eigener. In Liszts umstrittenes Buch über die Zigeunermusik von 1859 fügte seine Geliebte, mit Duldung des Autors, rassistische, an Wagners «Judentum»-Broschüre anschließende Passagen ein, wie dies Cosima für Wagners Spätschriften nachgesagt wird.

Cosima, deren Leben laut Wagner-Biograph Ernest Newman unter dem Motto «Cherchez le Juif», «Der Jude ist an allem schuld», stand, hatte in Wagner einen Gleichgesinnten gefunden. Seit den Münchener Tagen konzentrierte sich das ungleiche Paar auf diese erregende Gemeinsamkeit, die Wagners Kulturkampf einen geheimbündlerischen Unterton verlieh. In beständiger Angst vor einer jüdischen Konspiration konspirierte man – und ab 1869 bot sich Meisterschüler Nietzsche als Dritter im Bunde an. Obwohl die sogenannte Judenfrage für ihn bis dahin kaum eine Rolle gespielt hatte, bezog er seit Tribschener Tagen eindeutig Stellung.

Hatte Nietzsche, den die Jüdin Sophie Ritschl mit dem Meister zusammengebracht hatte, anfangs nur im internen Briefverkehr mit Wagner über «vordringliches Judentum» geklagt und seinen Schulfreund Carl von Gersdorff über die Anti-Wagner-Stimmung bei «unsern ‹Juden› – und Du weißt, wie weit der Begriff reicht –» aufgeklärt, so drängte es ihn im Februar 1870 an die Öffentlichkeit. Der Philologieprofessor aus Leipzig dozierte im Basler Museum über «Sokrates und die Tragödie», wie zumindest die Ankündigung versprach. Tatsächlich bot er den Honoratioren und Studenten eine kaum verhüllte Propagandarede für Wagners Weltanschauung, die denn auch, nach eigenem Zeugnis, «Haß und Wut erregt hat», da sie nicht nur die Grenzen des Universitätsüblichen, sondern, in ihrer judenfeindlichen Ausrichtung, auch des Anstands überschritt. In seinem Vortrag stellte der deutsche Dozent den Philosophen Sokrates, einen der Väter des vernunftgeleiteten Denkens, als Todfeind der Kunst und ihrer höchsten Erscheinungsform, der griechischen Tragödie, vor. «Der Sokratismus», so Nietzsche vor seinem verdutzten Publikum, «hat dem aeschyleischen Musikdrama den Kopf abgebissen» und sei deshalb für den Verfall der Kultur verantwortlich. Der durch Sokrates' instinktive Kunstfeindschaft ausgelöste «Zersetzungsprozeß» ende erst mit der Heraufkunft des neuen Aeschylus, Richard Wagner, der einen einsamen Kampf gegen die modernen Vertreter des kulturellen Ruins aufgenommen habe. «Dieser Sokratismus», so Nietzsche als Wagners Sprachrohr, «ist die heutige jüdische Presse: ich sage kein Wort mehr.»

Dem befremdlichen Beitrag zur Altertumswissenschaft fehlt heute das Ende, da die betreffenden Seiten aus Nietzsches Quartheft herausgerissen wurden. Der Text bricht an der Stelle ab, wo der Vortragende an seine Schweizer Zuhörer als «Germanen» appelliert, es liege nun an ihnen, zwischen Wagner und dem «Affen» der jüdisch-sokratischen Opernkultur zu entscheiden. Die Tribschener, die Nietzsches Einladung nach Basel in weiser Voraussicht umgangen hatten, reagierten auf den zugesandten Vortrag alarmiert. «Ich – für meine Person – rufe Ihnen zwar zu: so ist es!» schrieb Wagner aufgeregt zurück. «Doch habe ich Sorge um Sie, und wünsche von ganzem Herzen, daß Sie sich nicht den Hals brechen sollen.»

Mit dem Offenlegen seiner Karten hatte Nietzsche einen Anfängerfehler begangen. «Selbst in meine Ideen Eingeweihte», erklärte Wagner seinem Jünger, dürften vor derlei Bekenntnissen «erschrecken» – einen Sokrates müsse man einfach, trotz seiner «göttlichen Irrtümer», «anbeten» –, weshalb er ihm «raten» möchte, «diese sehr unglaublichen Ansichten nicht mehr in kurzen, durch fatale Rücksichten auf leichten Effekt es absehenden Abhandlungen zu berühren». Wagners scharfer Ordnungsruf wurde schon am folgenden Tag von Cosima abgemildert. Sie lobt seine «Grundanschauung» voll «Kühnheit und Schlichtheit» als «vollständig richtig», da man den «bösen Dämon» des Zerfalls «bis in Goethe sogar spürt», und erteilt ihm dann eine Lektion in Sachen politischer Einflußnahme: Der Kampf gegen die jüdische Hydra könne nicht, wie der Apollos gegen die Pythonschlange, mit offenem Visier geführt werden, da der Feind, den Wagner als «im Schutze eines dämmerigen Halbdunkels» schleichenden «Dämon» bezeichnete, mit allen Finten der Lüge und Verleumdung arbeite. Deshalb dürfe Nietzsche von den Juden nie direkt, sondern immer nur, wie vom Gottseibeiuns, in Andeutungen sprechen. Dagegen erscheint Nietzsches forsche, gegenüber seinem Freund Paul Deussen geäußerte Absicht, bewußt «Anstoß» erregen und das «Rücksichtnehmen» beim «Aussprechen unserer Weltanschauung» hintanstellen zu wollen, wie eine taktische Todsünde.

«Nun habe ich aber eine Bitte an Sie», schreibt Cosima in ihrem Instruktionsbrief, «die ich eine mütterliche nennen möchte, nämlich die, ja nicht in das Wespennest zu stechen. Verstehen Sie mich wohl? Nennen Sie die Juden nicht, und namentlich nicht *en passant*; später wenn Sie den grauenhaften Kampf aufnehmen wollen, in Gottes Namen, aber von vornherein nicht.» Die Schutzformel hatte Cosima auch gebraucht, als Wagner ihr ein Jahr zuvor die Nachricht überbrachte, der «Judenaufsatz würde gedruckt! In Gottes Namen», schrieb sie damals in ihr Tagebuch. Denn für sie, die ihm bei seinem antisemitischen Ausfall «im Grunde der Seele» zustimmte – «allein jetzt noch nicht und nicht so» –, standen hier nicht unterschiedliche Überzeugungen oder Religionen auf dem Spiel, sondern der apokalyptische Endkampf zwischen Gut und Böse, in dem sich das Gute, vertreten durch den Meister und seine Frau, jeder List bedienen durfte, um gegenüber den Kräften des Bösen, den «Juden und Judengenossen», bestehen zu können; dazu gehörte eben auch, das «Wespennest» nicht ohne Not in Aufregung zu versetzen. Cosima selbst hielt sich an die Maßregel, beschränkte sich auch in ihren Tagebüchern auf einschlägige Worte des Meisters und ließ nur im internen Briefverkehr mit Eingeweihten die Maske fallen.

Der Schüler, dessen «Ausfälle gegen die Juden», wie seine Schwester beteuerte, «gewiß nur Wagners, aber nicht seine eigene Meinung ausdrückten», verstand sofort. Die inkriminierten Seiten verschwanden aus seinem Vortragsheft wie der Begriff «Judentum» insgesamt aus seinen damaligen Schriften. Hatte er zuvor noch notiert, «Vernichtung der griechischen Kultur durch die jüdische Welt», so trat an deren Stelle nun die «sokratische Kultur», während die Wiedergeburt der Kunst – nach der Vernichtung der jüdischen Welt – mit dem Begriff der «Tragödie» gleichgesetzt wurde. «Die griechische Tragödie», schrieb Nietzsche, finde ihren Untergang durch die «sokratisch-optimistische Kultur», bis ihre «Wiedergeburt» in der Gegenwart, nach dem «Tod des sokratischen Menschen», im «Bayreuther Fest» gefeiert werde – womit Nietzsche das Athener Todesurteil gegen den Philosophen nicht nur nachträglich bestätigte, sondern auf alle seine Nachfolger, mochten sie darum wissen oder nicht, ausgedehnt sehen wollte.

Daß Nietzsche den verbotenen Begriff «Judentum» durch den unverfänglichen des sokratischen «Optimismus» ersetzte, lag in der Tradition der Philosophie Arthur Schopenhauers, eines erklärten, wie sein Schüler Wagner zu Gehässigkeit neigenden Antisemiten, der im «Optimismus» einen Grundcharakterzug des «Judentums» erkannte, mithin also das Gegenteil des von ihm gepredigten, von Wagner und Nietzsche übernommenen «Pessimismus». Auch Platon,

Chronist der sokratischen Dialoge, wurde von Nietzsche als «Optimist» gebrandmarkt, der zudem «jüdisch-angemukkert» gewesen sei. In Tribschen berichtete er Cosima, wohl bei einem der «berühmten Gespräche auf Naxos», daß der Basler Historiker Jacob Burckhardt ihm gesagt habe, «Platon habe vieles von den Juden».

Was in Tribschen, später in Bayreuth offen ausgesprochen wurde, findet sich in Nietzsches Werken meist verschlüsselt wieder. Statt des tabuisierten Begriffs, den Cosima zeitweise durch das Wort «Dalmatiner» ersetzte, bevorzugte ihr Schüler das «Orientalische» oder das «Sokratisch-Alexandrinische», das auch Wagner heranzog, als er forderte, Jesus von Nazareth «von aller alexandrinisch-judaisch-römisch-despotischen Verunstaltung» zu reinigen. Gelegentlich erwähnt Nietzsche die Unnennbaren als die «Phönizier in den Hauptstädten» oder, ganz im Schopenhauer-Ton, die «brutale und aufgeregte Genossenschaft» derer, «die zum ‹Glücke› rennen» und die man, weil sie «mit Geld Handel treiben», am besten wie unreine «Eingeweide» der Gesellschaft behandelt. Nach dem «Bruch» mit Wagner sollte Nietzsches larvierter Judenhaß ebenso nahtlos in einen offen ausgesprochenen Haß auf die Christen übergehen, wie der ihnen 1888 erklärte «Todkrieg» nur die Fortsetzung des Feldzugs gegen die «sokratischen Menschen» von 1872 war.

Auch in der «Geburt der Tragödie aus dem Geiste der Musik» ist die «Wiedergeburt des deutschen Mythus» durch Wagners Kunst vom Sieg über den ungenannten Widersacher abhängig: Erst wenn die «Knechtschaft» beendet wird, unter die «für eine lange Zeit ungeheure von außen her eindringende Mächte» den «deutschen Geist» gezwungen hätten, wird es zu dessen «seligem Sichwiederfinden» kommen. Denn zum Glück blieb von dem «reinen und kräftigen Kerne des deutschen Wesens» noch genug erhalten, «daß wir gerade von ihm jene Ausscheidung gewaltsam eingepflanzter Elemente zu erwarten wagen» – womit Nietzsche schon im Vorgriff die Gewaltsamkeit der Ausscheidung mit der vorausgegangenen der Einpflanzung rechtfertigt.

Bewußt spielte Nietzsche hier auf den «urgermanischen» Wagner-Helden Siegfried an, der nach langer, ihm gewaltsam aufgezwungener Knechtschaft unter dem habgierig-verschlagenen Zwergen Mime diesen, nicht weniger gewaltsam, aus seinem Leben «ausscheidet», um den «Hort» der Weltherrschaft zu gewinnen und auch, im lustvoll-«seligen Sichwiederfinden», Braut Brünnhilde, die bis dahin nur für tote Helden zuständig war. Bereits in Wagners historischer Phantasieschrift «Die Wibelungen», mit der er die jahrzehntelange Arbeit an der Rekonstruktion des «germanischen Nationalmythos» im Revolutionsjahr 1848 begann, war die Befreiung Deutschlands vom Endsieg über die Mächte des Bösen abhängig gemacht worden: «Wann kommst du wieder», rief Wagner damals mit Prophetenstimme, «du herrlicher Siegfried! und schlägst den bösen nagenden Wurm der Menschheit?»

Aus dem Kostümfundus der «Wibelungen» wiederum entlieh Wagner-Leser Nietzsche das mythische Gewand, in das er die politische Botschaft seiner «Geburt der Tragödie» kleidete: «Das Schmerzlichste aber ist für uns alle», schrieb er 1872 im Tribschener «Enzykliken»-Ton, «die lange Entwürdigung, unter der der deutsche Genius, entfremdet von Haus und Heimat, im Dienst tückischer Zwerge lebte.» Doch schon wächst, im dämmernden Schoß des deutschen Waldes, ein Held heran, umschwebt von den raunenden Klängen der «Götterdämmerung». «Eines Tages wird er sich wach finden, in aller Morgenfrische eines ungeheuren Schlafes», dann wird sein kecker Hornruf ertönen, sein Schwert Notung blitzen, «dann wird er Drachen töten, die tückischen Zwerge vernichten und Brünnhilde erwecken.» Worauf Nietzsche die Wagnersche Gleichnissprache verläßt, um für Eingeweihte den konspirativen Wink anzufügen: «Ihr versteht das Wort – wie ihr auch, zum Schluß, meine Hoffnungen verstehen werdet.» Daß diese mit der «Ausscheidung» des Judentums zu tun haben könnten, wies er später entschieden von sich. In «Ecce homo» versicherte Nietzsche, der als Wagner-Feind kein Juden-Feind mehr sein durfte, er habe damit «die christlichen Priester» gemeint. Das mochte für 1888 gelten – 1872 waren die Priester in Nietzsches Vernichtungsphantasien noch nicht an der Reihe.

In Nietzsches Kulturkampfvokabular wurde der «sokratische Mensch» bald vom «Bildungsphilister» abgelöst, der nicht unbedingt ein «Jude» sein mußte, aber doch «jüdisch infiziert» war und damit der Todfeind der germanischen Wiedergeburt – der «Morast aller Ermatteten», der «giftige Nebel aller frischen Keime», die «ausdorrende Sandwüste des suchenden und nach neuem Leben lechzenden deutschen Geistes», oder, in Nietzsches klassischer Mythensprache, das «Labyrinth aller Zweifelnden und Verirrten», das ihm die alte Frage nahelegte: «Wo ist der Faden der Ariadne in diesem Labyrinthe?»

Cosima persönlich hatte ihn auf diesen speziellen «Philister»-Irrgarten aufmerksam gemacht, dessen unterweltliche Züge sich für sie und Wagner mit dem Namen David Friedrich Strauß verbanden: ein düsteres Ideendickicht, in das mit dem grellen Licht der Wagnerschen Weltanschauung hineinzuleuchten sich lohne. «David Strauss' Voltaire ist uns unter die Hände gekommen», schrieb Cosima dem Jünger im Dezember 1870; er habe die Tribschener «im höchsten Grade durch Geschmacklosigkeit, Affektiertheit, Nachlässigkeit des Stiles, und eigentliche Plattheit der Ansichten, sehr unangenehm» berührt. Nach dieser Einschätzung folgt der Aufruf zur Tat: «Man könnte bald einen zweiten Drachen daraus machen.»

Mit dem für Außenstehende unverständlichen Wortspiel wies Cosima ihren Briefpartner auf jenen wenig bekannten Aspekt der Wagnerschen Wirksamkeit hin, zu dem sein Biograph Ernest Newman bemerkte, «die Beschäftigung damit bereitet kein Vergnügen»: Es handelte sich um des Meisters «Neigung», so Newman, «unter dem Schutz von Anonymität und Pseudonymität seine Hiebe auszuteilen». Den verdeckten Angriff mit der Feder versuchte er bereits 1836, als er den unliebsamen Kritiker Rellstab mit einer wütenden Polemik niedermachte, die er mit «Wilhelm Drach» signierte; Herausgeber Schumann hielt sie für undruckbar. In der Zeitschrift «Europa» griff Wagner als «W. Freudenfeuer» Pariser Persönlichkeiten, unter dem Namen des Dirigenten H. Valentino seinen Konkurrenten Rossini an. Den Artikel «Über das Judentum in der Musik» versah er mit dem fiktiven Namen «K. Freigedank», der Nietzsche später inspirieren sollte, sich als «Friedrich Freigesinnt» zu bezeichnen, während Wagner im Jahr ihrer Tribschener Begegnung wieder zum alten nom de guerre griff, um Eduard Devrient und seine Erinnerungen an Mendelssohn zu verhöhnen. Wie 1836 unterschrieb er mit «Wilhelm Drach».

Nun war die Reihe an Nietzsche, sich mit einem «zweiten Drachen» seine polemischen Sporen zu verdienen und Wagners gesammelte Tarnkappenangriffe unter neuem Pseudonym fortzusetzen. Nur war das Opfer, wie Cosima nicht wußte, denkbar ungünstig gewählt: David Friedrich Strauß, der als kritischer Theologe und Jesus-Biograph bekannt geworden war, spielte in Nietzsches Geisteswelt keine Rolle, erschien ihm auch, für eine ernstere Beschäftigung, als «zu gering». Mit Wagner dagegen ergaben sich Berührungspunkte: Strauß hatte bei Hegel studiert, von dem der Kunstvisionär Wagner entscheidend beeinflußt wurde; Strauß war mit Friedrich Theodor Vischer befreundet, der Wagner zum nationalen «Nibelungen»-Projekt wichtige Anregungen geliefert hatte; Wagners Dramenentwurf «Jesus von Nazareth» folgte in seiner entmythologisierenden Radikalität dem Straußschen «Leben Jesu», dessen feurigster Verteidiger wiederum Wagner-Freund Georg Herwegh war, der sich auch der Zuneigung Cosimas erfreute – genügend Gemeinsamkeiten zwischen Strauß und Wagner also, um das Angriffssignal auf den 62jährigen todkranken Schriftsteller unverständlich erscheinen zu lassen.

Aber man hatte, in der Trotzphase der Tribschener Isolation, über seinen «Voltaire» gemäkelt, schon weil man diesen Franzosen haßte, und zwei Jahre später das neue Strauß-Buch «Der alte und der neue Glaube» als «entsetzlich seicht» befunden; wie Cosima notierte, erlebte das Buch in kurzer Zeit fünf Auflagen, was noch keinem Wagnerschen Werk beschieden war. Da Nietzsche, in dem man den rechten Polemiker für diese Aufgabe vermutete, nicht auf den Wink mit den «Drachen» reagierte, faßte Wagner im November 1872 bei einem Spaziergang in Straßburg nach. Durch «ein paar Worte», so Nietzsche, erreichte er bei seinem Jünger mehr als Cosima mit ihrem Anti-Strauß-Brief. Die Schmähschrift, die Nietzsche nach weiteren Tribschen-Besuchen aufzusetzen begann, sollte Wagner, der sie «gar nicht erwarten» konnte, zu seinem 60. Geburtstag überreicht werden.

Nietzsche hatte sich dafür das bizarre Pseudonym «Pacific Nil» ausgedacht, mit dem er den fiktiven «Brief eines Ausländers» an sein Opfer unterzeichnen wollte – Ausländer deshalb, weil er Strauß nur auf diese Weise mit dem hilflosen, vermutlich von Wagners Straßburger «Worten» inspirierten Satz konfrontieren konnte: «Irgend Jemand hat mir einmal gesagt, Sie seien ein Jude und als solcher des Deutschen nicht vollständig mächtig.» Der giftige Pfeil, auf den Nietzsche schließlich ebenso verzichtete wie auf Pseudonym und Briefform, stammte aus Wagners Köcher. Im «Judentum in der Musik» hatte er die These aufgestellt, «der Jude beherrschte zwar die Sprache des Landes, in dem er von Geschlecht zu Geschlecht lebt, aber er spricht sie immer als Ausländer», wie eine «erlernte», nicht «angeborene Sprache», was ihn von der Fähigkeit ausschließe, in ihr «sich seinem Wesen entsprechend eigentümlich und selbständig kundzugeben». Wagner zieht daraus den abenteuerlichen Schluß, daß «der Jude nur nachsprechen, nachkünsteln, nicht wirklich redend dichten oder Kunstwerke schaffen» könne. Was er statt dessen hervorbringe, so Wagner, sei «unerträglich verwirrtes Geplapper».

Eben das scheint das hohe Paar, dem Motto «Cherchez le Juif» folgend, in David Friedrich Strauß' Prosa entdeckt zu haben, den sie, offenbar des jüdischen Klanges wegen, immer nur David Strauß nennen. Auch die späteren Erwähnungen, bei denen Wagner ihn als Juden-Propagandisten bezeichnet, der Jesus nicht liebe, oder als Repräsentanten des abscheulichen «Optimismus», der für den Kulturverfall verantwortlich sei, deuten darauf hin, daß Nietzsche hauptsächlich deshalb auf den Mann gehetzt wurde, weil der den falschen Namen trug.

Nietzsche spurte. Als hätte das «Judentum in der Musik» auf seinem Pult gelegen, übertrug er dessen Judenhaß-Metaphorik auf Strauß, den «Bildungsphilister». Hatte Wagner behauptet, die Juden bemächtigten sich des sterbenden Körpers der deutschen Kunst, um ihn «zu zersetzen; dann löst sich wohl das Fleisch dieses Körpers in wimmelnde Vielebendigkeit von Würmern auf», so vergleicht Nietzsche den Theologen Strauß mit jenem «Gewürm, welches lebt, indem es zerstört, bewundert, indem es frißt, anbetet, indem es verdaut», und faßt seinen Ekel, wie einst der «Judentum»-Autor, in dem Bild zusammen: «Ein Leichnam ist für den Wurm ein schöner Gedanke, und der Wurm ein schrecklicher für jedes Lebendige.» Worauf sich Nietzsche, als wehrhafter Repräsentant der Lebenskraft, nur Wagners Forderung aus der «Judentum»-Broschüre anschließen kann. Hatte dieser den «Untergang Ahasvers» als vornehmstes Ziel proklamiert, so ruft Nietzsche nun aus: «Die Philisterkultur in Deutschland ... verdient den Untergang.»

Den Untergang verdient, neben Strauß und seinem «schamlosen Philister-Optimismus», auch der jüdische Schriftsteller Berthold Auerbach, der noch den Abiturienten

Nietzsche 1862 mit seinem Schwarzwald-Rührstück «Barfü-ßele» «hoch entzückt» hatte. Aber Wagner hatte an seinem einstigen Freund wegen dessen «jüdischer Unruhe» Anstoß genommen und ihn dem Publikum seiner Autobiographie als «gemein und schmutzig» vorgestellt. Zudem, so Wagner, habe Auerbach «im Laufe der Zeit wiederholt jüdische Heiraten geschlossen» und sei «dabei zu Vermögen gekommen». Die üble Nachrede dürfte sich der damals populäre Autor dadurch zugezogen haben, daß er nicht bereit war, für Wagners Opern propagandistisch tätig zu werden.

Ganz Wagners Denken und Jargon verpflichtet, rannte der Polemiker Nietzsche nun gegen einen Mann an, der ihm eigentlich herzlich gleichgültig war. «Wo Heine und Hegel zugleich gewirkt haben», wie bei Auerbach – und Wagner selbst, was Nietzsche wohl verborgen geblieben war –, könne er nur «eine natürliche Fremdheit in der deutschen Sprache aus nationalen Gründen» feststellen, deren «Jargon» in «jedem Worte, jeder Wendung verwerflich» sei, außerdem «undeutsch verschroben und verlogen», ein «seelenloses Wörtermosaik mit internationaler Syntax». Auerbach sei, so faßt Nietzsche seine Leseeindrücke in dem öffentlichen Vortrag «Über die Zukunft unserer Bildungsanstalten» zusammen, ein Autor, den man «einfach vor Ekel nicht mehr lesen kann».

Die Auerbach-Attacke war bestellt. Auf einer Checkliste, die Nietzsche sich nach einem Tribschen-Besuch ins Merkheft eintrug, findet sich der Name des Schriftstellers unter dem Stichwort «Anzugreifen». Im Gegensatz zu Wagner, der gern den Heckenschützen spielte, wollte Nietzsche mit offenem Visier kämpfen. Die Abrechnung mit den «Bildungs-Philistern» war als Anfang einer langen Reihe von «Bayreuther Horizontbetrachtungen» geplant, mit denen dem Wagner-Unternehmen eine Bresche in die Ablehnungsfront geschossen werden sollte. Da der Titel allzu offenherzig seine Parteilichkeit verriet, änderte Nietzsche ihn in «Unzeitgemäße Betrachtungen» um, was nur Eingeweihten als

Anspielung auf die «Zeitgemäßen Betrachtungen» des Wagner-Vorkämpfers Theodor Uhlig auffiel.

Nietzsches eigenwillige Entscheidung, die Liste der «Anzugreifenden» nach der «Straußiade» beiseite zu legen und sich auch anderem als Wagners Privatabrechnungen zu widmen, löste bei diesem Mißstimmung aus. Auf Nietzsches neue Rolle als Bayreuth-Polemiker war zuvor schon ein Schatten gefallen. Als hätte Wagners «Vernichtungsfluch», wie sein Jünger es anerkennend nannte, gewirkt, starb David Friedrich Strauß, ein halbes Jahr nachdem Nietzsche ihn zu Kulturgewürm erklärt hatte. «Ich hoffe sehr», schrieb der Wagner-Schüler betreten, «daß ich ihm die letzte Lebenszeit nicht erschwert habe und daß er, ohne etwas von mir zu wissen, gestorben ist. – Es greift mich etwas an.» Jahre später räumte er ein, er habe durch den Angriff auf den «alten und den neuen Glauben» ein Buch «zu Tode gelacht» und «unversehens dabei einen alten Mann ... ‹umgebracht›».

Bei Cosima erregte Nietzsche mit seinen Gewissensbissen nur Befremden. Sie wußte, als Interessenvertreterin ihres Minotaurus, daß Opfer gebracht werden mußten, und schließlich hatte der Jünger noch kurz vor Strauß' Tod geschrieben, dieser sei als Schriftsteller «wirklich vernichtet». So erteilte sie, nachdem ihr von Nietzsches nachträglichen Skrupeln berichtet worden war, dem Jünger den trockenen Bescheid, sie «gestatte keinerlei Sentimentalitäten in Dingen des Geistes, und es bleibt sich darin gleich, ob einer krank oder sterbend ist, wenn er schädlich erscheint».

Bayreuther Horizontbetrachtungen

Nietzsche hatte sich in eine Rolle hineinmanövrieren lassen, die ihn beschädigen mußte. Nicht der hochbegabte Universitätsprofessor wurde in der Öffentlichkeit wahrgenommen, sondern der aggressive Propagandist eines fragwürdigen Unternehmens. Nach seiner «Geburt der Tragödie» war er von Fachkollegen für «wissenschaftlich tot» erklärt worden, seine Strauß-Attacke hatte ihn in den Ruf des rücksichtslosen Parteigängers gebracht, von dem ein nüchterner Beobachter wie Gottfried Keller, nach Lektüre des «knäbischen Pamphlets», schrieb, man wisse wohl, daß er «in Basel mit ein paar gleich Verrannten einen eigenen Kultus» treibe – einen Kultus mit unzweifelhaft religiösen Zügen. Dessen Oberpriester, meinte später der Musikkritiker Eduard Hanslick, sei «durch Talent und Bildung wohl der hervorragendste, in seinen Übertreibungen zugleich abenteuerlichste unter Wagners Kämpen». Für seinen «Messias», an dem «zu zweifeln Frevel» sei, verwende Nietzsche «fast dieselben Worte, womit unsere Religionsbücher von Jesus Christus sprechen».

So war das Ansehen des einstigen Leipziger Musterstudenten im selben Maße gesunken, wie er sich für das Bayreuther Unternehmen aufopferte. Womit, paradoxerweise, auch sein Marktwert bei den Wagners sank. Je deutlicher er dies zu spüren bekam und je offensichtlicher die Diskrepanz zwischen seinem Kult und den ihm dafür abgenötigten Handlangerdiensten wurde, um so häufiger flüchtete er sich in Krankheiten und sinnlose Kuren, die wiederum von den Wagners, die auf seine Anwesenheit Wert legten, übel vermerkt wurden.

Wann genau Nietzsche den Gipfelpunkt seiner Hörigkeit, in der Literatur meist «Freundschaft» genannt, überschritten hatte und wann auf den unaufhaltsamen Aufstieg des Bayreuther Festspielunternehmens die Abschaffung des Steigbügelhalters erfolgte, ist umstritten. Nietzsche selbst stilisierte das Verenden ihrer «Allianz» zu einem abrupten «Bruch», den er, nachdem sich Wagners perverse Persönlichkeit offenbart hatte, selbst herbeiführte, um endlich, in bacchantischem Freiheitsjubel, «die Narrenkappe» tanzend «in die Luft» zu werfen. Nach Bayreuther Lesart beging dieser «kranke Mensch» wegen allerlei mit seinem Charakter und seinen Bekanntschaften zusammenhängenden Eigenartigkeiten plumpen Verrat, durch den sich seine zuvor verborgene «perverse» Persönlichkeit enthüllte.

Nietzsche hätte sich manches ersparen können, was nach dem Umzug der Wagners von Tribschen nach Bayreuth im Frühjahr 1872 auf ihn zukam. Er war durchaus nicht, wie er vielleicht vermutete, der erste «Oberpriester» des Wagner-Kults, der bevorzugt zu niederen Diensten herangezogen wurde. Bei der Grundsteinlegung des Festspielhauses am 22. Mai 1872, Wagners 59. Geburtstag, trafen sich zwei alte Wagner-Kämpen, von denen Nietzsche in mancher Hinsicht hätte profitieren können: Josef Standhartner, Primararzt am Allgemeinen Krankenhaus in Wien, und der Komponist des «Cid», Peter Cornelius. Beide hatten Wagner bei den «Tristan»-Proben in Wien 1861 mit allen verfügbaren Mitteln unterstützt, beiden war ihre Hilfsbereitschaft schlecht vergolten worden. «Er hat», schrieb Cornelius über den Bayreuther Triumphator, «seine treusten Freunde in Wien wie Schuhputzer behandelt.»

Der angesehene Dr. Standhartner, der als Leibarzt der Kaiserin Elisabeth in die Wiener Stadtgeschichte einging, hatte nicht nur finanziell ausgeholfen – was bei dem verschwenderischen Wagner ein bodenloses Unterfangen war –, sondern ihm auch Quartier im eigenen Haus gewährt. Dort brüskierte sein Gast Wiens führenden Musikkritiker Eduard Hanslick bei einer Vorlesung des «Meistersinger»-Textbuchs und verführte die zu seiner Bedienung abgestellte Standhartner-Nichte Seraphine Mauro, weil er, wie er Cornelius anvertraute, «in so etwas von einer unvertilgbaren naiven Moralität» sei. «Aber unrecht wäre es doch», kommentierte Carl Maria Cornelius, der Biograph seines Vaters, den vertuschten Skandal, «wenn Wagner die Nichte seines Gastfreundes in der Wohnung, die ihm dieser großmütig zur Verfügung gestellt, mißbraucht hätte.» Es wäre, schrieb Cornelius, da der Vorfall nicht mehr zu belegen war: Der Briefwechsel zwischen dem Meister und seiner «lieben Puppe» war vernichtet worden.

Im Gegensatz zu Standhartner, der trotz allem treu zum Meister stand, war Cornelius längst auf innere Distanz gegangen. «Ich weiß nicht, es ist mir so schwarz vor Augen», habe er beim Bayreuther Gründungsfest dem Arzt Standhartner zugeflüstert, um auf dessen besorgte Nachfrage zu erläutern, er sehe «lauter Mohren, die ihre Schuldigkeit getan haben». Beim gleichen Fest, als dessen Höhepunkt die Hymne der «tragischen Kultur», Beethovens «Seid umschlungen, Millionen», aufgeführt wurde, waren sich Cornelius und Nietzsche zum ersten und letzten Mal begegnet. «Ich machte Nietzsche meine verehrungsvolle Reverenz über sein Buch», berichtet der Alt-Jünger, der die «Geburt der Tragödie» zur Bayreuth-Einstimmung gelesen hatte, «er benahm sich aber so kokett», daß er ihn «fortan in Ruhe lassen» werde. Die ungewohnte Charakterisierung wurde von Carl Maria Cornelius, der Nietzsche ein Jahrzehnt später kennenlernte, bestätigt: «Nietzsche hatte etwas Feminines im guten und schlechten Sinn des Wortes. Er konnte oft etwas geradezu Kokettes haben.»

Im Hochgefühl des Bayreuther Festtags versäumte der aktuelle Günstling die Gelegenheit, von seinem Vorgänger einige Wahrheiten über Wagner zu erfragen. Cornelius hätte ihm manches zu berichten gewußt: Zehn Jahre zuvor hatte er sich in einem für Seraphine Mauro geschriebenen Tagebuch beklagt, Wagners «Genius übt eine so vernichtende Gewalt» aus, daß er an Selbstmord denke. Wagner wurde für Cornelius zum Alptraum: zum «Vampyr», der ihm «die Lebenskraft aussaugt»; zum «Satan», der ihn vom Komponieren abhält und seinen «Cid» als «Fehlgeburt» verspottet; zum «Erlkönig», der ihn mit dem Gelöbnis lockt, «daß Du zu mir gehörst wie meine Frau», und daß sie beide «eigentlich wie ein Ehepaar» zusammenleben sollten. Als Cornelius das Angebot zurückwies, weil er auf Eigenständigkeit beharrte, entzog ihm der Meister seine Gunst. War der Jünger anfangs der Wagnerschen Ausbeutung zum Opfer gefallen, begann er später darunter zu leiden, daß der Meister ihn fallengelassen hatte. Dieser schrieb seiner Freundin über Cornelius, was er von allen ehemaligen Hilfskräften hielt: Er sei «einer von denen, den ich mir konstruierte, um etwas an ihm zu haben» – «als Mensch ist er mir von gar keinem Wert». Cornelius' Kommentar: «Man läßt mich fallen, weil ich nicht auf den Knien liege.»

Das Bild von Wagner als ausweglosem Labyrinth drängte sich auch dem geächteten Jünger auf. Vor diesem unberechenbaren «Halbgott», so schrieb er, stehe man «wie vor einem Rätsel, wie vor einem Geheimnis». Dessen «ganzer Lebensgang» hätte ihn «in ethische Labyrinthe verstrickt» – aus denen keiner, der sich mit ihm einließ, wieder herausfinde. Seit Wagners überstürzter Flucht aus Wien im März 1864 und seinem königlich protegierten Einzug in München sechs Wochen später war zudem noch, wie Cornelius es ausdrückte, ein «feindlicher Geist» an Wagners Seite aufgetaucht: Cosima, die voll «Herrschsucht» den Eingang bewachte. Ihre neue Rolle als Freundin des Königsfreundes gefiel ihr – mit Wagners alten «Freunden» dagegen wollte sie nichts zu tun haben. Den berechnend-gestelzten Briefstil, mit dem Wagner den «kleinen König» gefügig machte, übertraf die «Brieftaube» in ihrer umfangreichen Korrespondenz mit dem König an schmeichlerischer Devotion und zielstrebiger Intrige. Es gelang ihr schnell, sich zwischen die Partner zu drängen und an Genie wie Königtum gleichermaßen zu partizipieren.

Der kleinbürgerliche Nachwuchskünstler Peter Cornelius wollte da, wie die hohe Frau ihm zu verstehen gab, nicht mehr recht passen. Fortan zählten für sie neben ihrem Gott nur noch Ludwig, dann, mit Abstand, der Adel und die Geistesaristokratie. Ohne seinen Professorentitel wäre auch Nietzsche kaum in den Tribschener Olymp aufgenommen worden. «Gewiß würde ihn, gäbe es nicht Universitäten und Professuren», schrieb Wagner über den Jünger, «niemand recht beachten.» Da seine akademische Dignität gelitten hatte, mußte Nietzsche nun gegen die in Bayreuth antretende adlige Konkurrenz mit neuen Lobeshymnen um seinen Rang kämpfen – vorausgesetzt, er wollte es noch.

Doch sein Bayreuth-Enthusiasmus hatte gelitten, seit das hohe Paar ihn von oben herab zu kritisieren begann: Sein Schreibstil mißfiel als «ungeschickt» und «affektiert», seine philosophischen Themen erschienen abseitig und «sehr unreif», sein häufiges Fortbleiben wurde unter «Fahnenflüchtigkeiten» vermerkt, seine ehrgeizigen Kompositionen wie im Fall Cornelius als Zeitverschwendung betrachtet, als wäre das Kapitel «Musik» in der Menschheitsgeschichte mit dem Auftauchen Wagners abgeschlossen. Als Nietzsche mit Hans von Bülows Kritik seiner «Manfred»-Meditation die wohl schwerste Demütigung seines Musikerlebens einstecken mußte – Bülow hatte von einer Vergewaltigung der Muse durch einen Dilettanten gesprochen –, applaudierte Cosima. Erstens gereiche es Nietzsche «zur größten Ehre, daß Ihnen so derbe Wahrheiten gesagt werden», schrieb sie ihm schadenfroh; außerdem stelle der Bülow-Verriß «ein wahres Meisterwerk von Form bei so ergötzlicher Offenherzigkeit» dar und belege erneut «die berechtigte und stets begründete Schroffheit Herrn von B.s». Nebenbei wollte Cosima dem leidenschaftlichen Klaviervirtuosen Nietzsche damit zu verstehen geben, daß man Bülows vernichtende Einschätzung teile und auf seine «musizierende Spielerei» an Wagners Flügel gerne verzichten würde.

Hauptanstoß aber erregte Nietzsches Junggesellendasein. Taktlos wies man ihn darauf hin, daß einem Mann seines Alters und Standes, wolle er nicht in schiefes Licht geraten, die Verheiratung gut anstünde. Auch anderen Handlangern und Günstlingen, darunter dem bayerischen König, hatte Wagner zu diesem Schritt geraten, wobei er großzügig über sein eigenes eheliches Mißgeschick hinwegsah: Seine erste Ehe mit Minna betrachtete er als größtes Unglück seines Lebens, dessen Ende, herbeigeführt durch Minnas Ableben, er kaum erwarten konnte. Trotzdem drängte er alle Junggesellen seiner Umgebung zu diesem Schritt, bei dem er der Zuneigung oder gar Liebe zur Auserwählten kaum Gewicht beizumessen schien.

Bei Nietzsche war zuerst Cosima vorstellig geworden. «Ist denn die Dame, die so freundlichen Rat erteilt», schrieb sie ihm als Antwort auf einen Brief, «nicht im Besitz heiratsfähiger Töchter, oder selbst ledig?» Da ihr Kandidat harthörig blieb, wiederholte sie ihren Rat, bis der Meister selbst zur Feder griff und Klartext redete: «Unter Anderem fand ich, daß ich einen solchen männlichen Umgang, wie Sie ihn in Basel für die Abendstunden haben, in meinem Leben nicht hatte.» Abgesehen davon, daß Wagner es in seinem Leben selten ohne männlichen Umgang ausgehalten hatte, wovon seine Bittbriefe an Cornelius Zeugnis geben, enthielt der Hinweis auf die Abendstunden eine fast erpresserische Unterstellung, gegen die der Adressat sich nicht wehren konnte. Wagners Abmahnung gipfelte in dem Ausruf: «Ach, Gott! heiraten Sie eine reiche Frau!», womit er erneut verdeutlichte, daß in einem Eheverhältnis die Liebe einen ziemlich untergeordneten Rang einnähme. «Warum muß Gersdorff gerade eine Mannsperson sein!»

Wagners gereiztem Tonfall hätte Nietzsche schon damals entnehmen können, daß mit dem Meister in diesem Punkt nicht zu spaßen war. Ein Jahr später, 1875, nahm Cosima in Sachen Nietzsche-Domestizierung Kontakt mit der gemeinsamen Freundin Malwida von Meysenbug auf: «Mit G(ersdorff) habe ich viel über N(ietzsche) gesprochen, wenn Du diesen verheiraten könntest?» Nach dem ungeduldigen Hinweis «Wie wäre es mit der kleinen Contesse P.?» hielt sie mit ihrer tiefsitzenden Abneigung gegen den Hagestolz nicht mehr zurück: Seine «Briefe sind mir grauenvoll, und das Schicksal Hölderlins schwebt mir vor Augen». In einem späteren Brief an die erfahrene Heiratsvermittlerin ließ Cosima durchblicken, daß ihre, vermutlich vom Meister gewünschte, Hilfestellung bei Nietzsches Brautwahl so ernst nicht gemeint war. «Ich wüßte eine, auch das Vermögen» stimme, schrieb sie Malwida, doch «welches Mädchen möchte man in dieses Los führen»...

Der störrische Ehekandidat, dessen Zarathustra dereinst verkünden sollte, es sei «besser, in die Hände eines Mörders zu geraten, als in die Träume eines brünstigen Weibes», verspürte ohnehin keine Lust. Er liebte seit Leipziger Studententagen Erwin Rohde, und was Wagner ihm in den vergangenen Jahren an metaphysischen Kunstgenüssen zu bieten hatte, erlebte er durch Rohde gleichsam noch einmal. Schon als Nietzsche ihn im Juni 1870 nach Tribschen brachte, hinterließ Rohde in seiner hanseatischen Kühle einen besseren Eindruck als der unbeholfene Nietzsche, den seine extreme Kurzsichtigkeit behinderte. Cosima, die sich notierte, sie möchte Rohde «unbedingt für bedeutender als Nietzsche selbst» halten, schrieb diesem nach seinem Besuch, der Meister habe an Rohde «großes Wohlgefallen» gefunden und wünsche die Freunde «immer zu Zweien auf Tribschen» zu begrüßen. In Nietzsches Ohren mußte das wie eine Erinnerung an die spartanischen Freundespaare in Wagners Züricher Schriften klingen.

Auch Wagner hatte begriffen, daß Rohde seinem Jünger mehr bedeutete als jede «reiche Frau». Doch sein eigener Hang zu umarmungs- und tränenfrohen Männerfreundschaften, aus denen sich schnell das Herr-und-Knecht-Verhältnis herauskristallisierte, tabuisierte zugleich die offene erotische Konsequenz – auch für seine Umgebung. Ähnlich wie Erwin Rohde, der in seinem Professorendeutsch «eine sonderbare Impermeabilität meiner Charakterepidermis» dafür verantwortlich machte, hätte Wagner die Griechenliebe am liebsten auf Griechenland beschränkt gesehen. So leidenschaftlich er sich in Männer wie Liszt «verlieben» und bei ihren Begegnungen in heiße Tränen ausbrechen konnte, mied er doch nähere Berührungen und unterhielt nur dann eine enge Beziehung zu einem umworbenen Mann, wenn eine Frau in greifbarer Nähe war. Seine so plötzlich entflammte Liebe für Cosima hing womöglich auch damit zusammen, daß ihm in dem 18jährigen Ludwig ein neuer Apollo erstanden war, der wie ein junger Geliebter um den älteren Lehrmeister zu werben begann. Jene klassisch-ästhetische Schwärmerei, die ihn einst für die «Männerliebe» als «edelste und uneigensüchtigste Äußerung des menschlichen Schönheitssinnes» Partei ergreifen ließ, empfand er nun bei Nietzsche als «etwas Befremdendes, ihn unheimlich Berührendes» – offenbar weil nichts unheimlicher berührt als die Angst vor Berührung.

So schuf Wagner Distanz. Zu einer ersten aufschlußreichen Dissonanz zwischen dem Musiker und seinem Verehrerpaar kam es im April 1873, als beide in Wagners provisorischer Wohnung in der Bayreuther Dammallee weilten, wo Nietzsche seinen Aufsatz über die «Philosophie im tragischen Zeitalter der Griechen» vorlas. Das Gespräch war vom vertrauten Terrain der beiden Freunde hinübergewechselt zu Wagners Lieblingsthema «Was ist deutsch?» und seinem gleichnamigen Aufsatz von 1865, in dem der Verfall des «deutschen Wesens» mit dem Eindringen der «Juden» erklärt wird. Vor diesem «schmachvollen Untergange», so Wagner, könne nur die Rückbesinnung auf das «Charakteristische des eigentlich ‹deutschen› Wesens» retten. Während Nietzsche munter über das Griechentum dozierte, erinnerte Wagner an das in seinen Augen viel bedeutendere Problem des Deutschtums, auf das ihn, wie er seinen Zuhörern erzählte, seine jüngste Bibellektüre gebracht habe: «ein Satz von Luthers Bibel», notierte Cosima über das Gespräch, «darin das griechische barbaros mit undeutsch übersetzt ist, macht uns große Freude.» Offenbar hatte Luther als Äquivalent der im Altertum verhaßten kunstfeindlichen Barbaren für seine Zeitgenossen jene barttragenden Fremdlinge ausgemacht, die auch für Wagner das «Undeutsche» schlechthin repräsentierten. Im Gegensatz zum Meister, der sich durch Luthers Bibelübersetzung bestätigt fühlen konnte, scheint Cosima die Reaktion der Dioskuren auf diesen Einbruch des Mittelalters in ihre Griechenschwärmerei nicht weiter bemerkt zu haben. Doch dem Meister blieb sie im Gedächtnis haften. Sechs Jahre später, als Nietzsche längst dem Bann verfallen war, erinnerte er seine Frau an das Gespräch in der Dammallee. «Entsinnst du dich», sagte er zu Cosima, «daß ich diese Stelle» – «wo Luther das Wort ‹barbaros› mit ‹undeutsch› übersetzt» – «Rohde und Nietzsche zeigte und daß sie ihnen eigentlich nichts sagte.»

Aber nicht ihre biblische Harthörigkeit hat der Meister ihnen übelgenommen. In seinem geheimen Tagebuch, das erst 1975 vollständig veröffentlicht wurde, gab er sich unter der Rubrik «was ist deutsch?» Rechenschaft über die Verständnisprobleme mit seinen beiden Enthusiasten. «Wir müssen etwas in *unserer* Sprache verstehen, wollen wir es recht verstehen. (barbaros – undeutsch, Luther.) Das ist der Sinn einer ‹deutschen› Kultur», hielt Wagner 1873 stichwortartig fest, das Vertraute und Gewohnte also. Nietzsche und Rohde aber, die das, was ihm vertraut ist, nicht zu verstehen scheinen, lassen ihrerseits ein Benehmen erkennen, das auf

«Warum muß Gersdorff gerade eine Mannsperson sein!»: Daß Nietzsche – hier mit seinen Freunden Erwin Rohde und Carl von Gersdorff – im privaten Umgang Männer vorzog, irritierte die etikettebewußten Wagners. Ihre Versuche, ihn unter die Haube zu bringen, blieben vergeblich

ihn fremd wirkt und das er nicht verstehen kann. «Was wir am Griechischen Wesen nie und in keiner Sprache verstehen können», notiert er sich über das Gespräch mit den beiden Neugriechen, «ist was uns gänzlich von ihnen trennt, z. B. ihre Liebe – in – Päderastie.» Diese Behauptung, die für den Menschenkenner wie den Züricher Revolutionsautor Wagner schlicht unzutreffend war, sollte wohl mehr das «unheimliche» Gefühl ausdrücken, das ihn beim Besuch der beiden beschlichen hatte. Daß Cosima kaum wußte, was ihr Mann damit meinte, wie sie später behauptete, mag wahr sein. Andererseits verwendete sie 1877 gegenüber Malwida von Meysenbug dieselben Worte, mit denen Wagner die unheimlichen Jünger charakterisierte. Nachdem sie von der Freundin gewisse, an den Bayernkönig erinnernde Eigenschaften Nietzsches, wie seine «Naschhaftigkeit» oder «seltsame Scheu», hervorgehoben hatte, zog sie den Schluß, daß dies alles «mit dem Einen zusammenhängt, was wir Frauen freilich nicht verstehen können».

Auch Rohde zeigte Verständnislücken. Nachdem er Freund Nietzsche 1876, kurz vor Beginn der ersten Bayreuther Festspiele, sein neues Griechenbuch übersandt hatte, bemängelte dieser, «daß Du von den päderastischen Verhältnissen so wenig sagst: und doch ist das Idealisieren des Eros und das reinere und sehnsüchtigere Empfinden der Liebespassion bei den Griechen zuerst auf diesem Boden gewachsen». Der «Eros», so resümierte er, war «in der besten Zeit» immer der «päderastische». Rohde beeilte sich, ihm recht zu geben – er hätte «die Ausgänge innigerer Erotik von der Päderastie doch energischer ins Auge fassen sollen».

Rohdes Einsicht kam im Juli 1876 für ihre Beziehung schon zu spät. Jahrelang hatte Nietzsche um den Freund geworben und ihn auf die Wiedergeburt der griechischen Kulturblüte in Wagners Bayreuth vorbereitet, ihm dabei das «Zaubergedicht» der «Meistersinger» am Klavier so berückend vorgetragen, daß der spröde Hamburger, «auf das allertiefste erregt, von diesen Klängen umspielt, wie in einer Wolke» zu wandeln glaubte, «den anderen Achäern unsichtbar». Diese Wolke sollte sich, Nietzsches Prophezeiung zufolge, auf Bayreuths Götterhügel niederlassen, wo den «geweihten Zuschauern», «auf dem Höhepunkte ihres Glücks», die «Morgenweihe am Tage des Kampfes» gespendet wird, wie einst den Griechenhelden im Tempel, bevor sie gegen die Perser zogen.

Kurz vor Beginn der Festspiele war das Glück für Nietzsche vorbei. Rohde hatte ihm – «Erschrick nicht, lieber Freund!» – seine Verlobung mitgeteilt und den lieben Freund damit in, wie Overbeck es ausdrückte, «so zu nennende Liebesschmerzen» gestürzt. «Mir geht es anders», schrieb Nietzsche noch am selben Abend dem Bräutigam zurück, da ihm ein solcher Schritt «nicht so nötig» erscheine – vielleicht «habe ich da eine böse Lücke in mir». Denn «mein Verlangen und meine Not ist anders: ich weiß kaum es zu sagen und zu erklären». So läßt Nietzsche ein Gedicht für sich sprechen, vom Wanderer, der auf seinem einsamen Weg durch die Nacht vom Gesang eines Vogels angezogen wird und «süßen Herz-Verdruß» in seiner Brust aufsteigen fühlt. Doch das Sehnsuchtslied des Vogels hat nicht ihm gegolten. «Ein Weibchen lock' ich von den Höhn», ruft er dem Wanderer schnippisch zu, «was geht's dich an?» Für Nietzsche, den «armen, armen Wandersmann», hat der Nachtvogel, in dem sich der begeisterte Liedersänger Rohde verbirgt, nur die deprimierende Erklärung übrig: «Denn Du sollst gehn und nimmer, nimmer stille stehn!»

Nach Rohdes Brief scheint Nietzsche, der sich bald darauf im Bild vom «Wanderer und seinem Schatten» wiedererkennen wird, die Lust an Bayreuth verloren zu haben. Seinem alten Vermieter okkulten Angedenkens, Buchhändler Giessel, schreibt er wegen überhöhter Preisforderung ab und fragt zugleich bei Gersdorff an, ob er für eine Woche vielleicht bei ihm unterkommen könne. Erst als Giessel zurückschreibt, «Wohnung darf nicht Grund Wegbleibens sein. Selbe bleibt Ihnen bedingungslos», nimmt Nietzsche dessen Angebot an und teilt der Schwester mit, es sei «die billigste Wohnung in Bayreuth». Am 23. Juli 1876 kommt Nietzsche per Bahn in der Wagner-Stadt an, mit gemischten Gefühlen und starken Kopfschmerzen. Seine «Bayreuther Festpredigt», die vierte der «Unzeitgemäßen Betrachtungen», hatte er vorausgeschickt und mit dem Titel «Richard Wagner in Bayreuth» dem hohen Paar signalisiert, daß hier ein Jünger den fälligen Tribut entrichtet habe.

Die Reaktion war dementsprechend. «Freund! Ihr Buch ist ungeheuer!» hatte Wagner, offenbar nach flüchtigem Durchblättern, schon Mitte Juli geschrieben, und Cosima, vorsichtiger, hatte für «Erquickung und Erhebung» gedankt. Hätte Nietzsche, wie geplant, in einem Begleitbrief auf gewisse Stolpersteine hingewiesen – «Sie müssen in dieser Sache Einiges über sich ergehen lassen, ohne zu zucken» –, wäre das hohe Paar gewarnt gewesen. Aber da Nietzsche befürchtete, es könnte ihm in Bayreuth wie «dem Reiter auf dem Bodensee ergehen», wollte er das Unglück nicht beschleunigen und verzichtete auf jegliche Vorwarnung. Zwei «Festexemplare» waren also dem Festspielbesucher Nietzsche vorausgereist, unkommentiert und nur mit den üblichen Wünschen versehen, und hatten, zumindest bei Cosima, die Stimmung erheblich beeinträchtigt. Bei seinem Eintreffen registrierte ihr Tagebuch lediglich, er sei «auch angekommen», wie «mehrere andre noch».

Die lieblose Erwähnung geschah nicht zufällig. Vom ersten Tag seines Aufenthalts an spielte der hoffnungsvolle Bayreuth-Propagandist und zukünftige Siegfried-Erzieher im Wagner-Theater keine Rolle mehr. Die Herrin von Wahnfried hatte beschlossen, ihn totzuschweigen. Und Nietzsche litt. Sein literarischer Fluchtversuch hatte ihn, wie zu erwarten, nur um so tiefer in den Irrgarten hineingeraten lassen, die «Festpredigt», mit der er von Wagner Abschied nehmen wollte, ihn um so gefährlicher in seine Nähe gebracht. Statt die in superlativisches Lob verpackte Distanzierung für sich selbst sprechen zu lassen, war er ihr hinterhergereist – ohne Freude, da das Zusammentreffen mit dem Dioskuren Rohde durch dessen Verlobung verdorben war; dafür mit der beklemmenden Ahnung, daß man sein Wagner-Buch schon gelesen und daraus die entsprechenden Schlüsse gezogen hatte. Etwas scheint ihn dennoch, gegen seine ursprüngliche Absicht, zurück in Wagners Labyrinth getrieben zu haben.

Als hätte der Meister um seine Verwandtschaft mit dem Minotaurus gewußt, der jeden vernichten kann, der sich in seine Gänge verirrt, spielte er auf der Festspielbühne den Besessenen, der seine Mitarbeiter durch riskante Balanceakte und plötzliche Wutausbrüche das Fürchten lehrte. Zur Probe von «Siegfried», so berichtet ein Mitarbeiter, sei er «rasend» erschienen, habe geschrien, die «geballten Fäuste» geschüttelt und mit den Füßen gestampft, um sich dann, scheinbar aus «Ulk», auf «Siegfrieds daliegendes Horn» zu stürzen, es sich, wie einem stiergehörnten Ungeheuer, «vor den Kopf» zu halten und «dem eben ankommenden Professor Doepler damit vor den Bauch» zu stoßen. So nahm er, zur allgemeinen Erheiterung, seinen ungeliebten Kostümbildner «auf die Hörner».

Während Wagner auf dem Hügel den Wüterich gab, präsentierte sich die hohe Frau im Wahnfried-Tempel als Prinzessin: In weißer Seide majestätisch aufgerichtet, das Haar zu einem Mozartzopf gebunden und einen großen Fächer in der Hand, empfing sie seit Festspielbeginn huldvoll ihre Gäste, die täglich nach Hunderten zählten und dem «Wunder von Bayreuth» ihre Verehrung bezeigen wollten. «Gewöhnlich», notierte einer der Besucher, «ist ihr Ton etwas blasiert», und Neffe Brockhaus meldete der Verwandtschaft, die Tante habe ihm zu verstehen gegeben, daß sie für ihn keine Zeit mehr habe. Nicht länger ging es, wie noch in Tribschen, um jeden einzelnen Parteigänger – nun drängte sich

Deutschland, ja Europa vor der Pforte, und zwar jene bessere Gesellschaft, von der die einst als «Mätresse» gebrandmarkte Cosima nur hatte träumen können. Fürsten und Grafen, Kaiser und Könige erwiesen ihr die Reverenz, und sie hielt hof, als wäre sie eine der ihren. Erst nach den Herrscher- und Adelshäusern, die Bayreuth als willkommene Abwechslung für ihre Baden-Badener Kur betrachten mochten, kamen die Wagnerianer an die Reihe. Scharenweise waren sie in die Stadt gepilgert und dabei, wie ein englischer Journalist beobachtete, leicht an ihrer Kostümierung zu erkennen: Sie trugen Brille, langes Haar und auffällige Hüte auf dem Kopf – Wotans-Hüte und Holbein-Barette, wie ihr Idol sie in Mode gebracht hatte.

Sie mußten sich mit einer minderen Rolle abfinden. Deshalb, so berichtete Elisabeth Nietzsche, hegten «die Künstler einen großen Haß gegen die arme Cosima! Jeder Graf», meldete sie ihrem Bruder nach dessen Abreise, «wäre empfangen worden», im Gegensatz zu ihnen, die oft vergeblich Schlange standen. Auch sei die «lächerliche Prätension» von Cosimas «Unterrockswirtschaft» gegeißelt worden, und der Witz habe die Runde gemacht: «Welcher Unterschied ist zwischen Serbien und dem Wagnerschen Salon? Das eine ist ein Kriegsschauplatz, das andere ein Kriechschauplatz» – eine Pointe, die nur bei sächsischer Aussprache, wie Wagner sie pflegte, zur Geltung kam. «Ich wartete in dem kleinen Treppenflur», erzählte Elisabeth über ihren Versuch, ins Allerheiligste vorzudringen, «da die große Halle von Besuchern gefüllt war. Ich blickte hinein; mindestens vierzig Kapellmeister, junge Künstler und Schriftsteller warteten dort auf eine Audienz bei Wagner. Wagner mußte Massenaudienzen erteilen, da der Andrang der Besucher zu groß war; am ersten Tage gaben 500 Personen ihre Karten in Wahnfried ab.» Alle, so Elisabeth, hätten «mit leiser, gedämpfter Stimme» gesprochen, sich von der «ernsten, weihevollen, ehrfürchtigen Stimmung» gefangennehmen lassen.

Nach Meinung der Gastgeber war das nur angemessen. Wagner hatte dem deutschen Volk schließlich, mit der Erfüllung seines persönlichen Lebenstraums vom «Nibelungen»-Ring, den lange verlorenen Nationalmythos wiedergegeben. Mochte auch der Bayreuth-Berichterstatter Eduard Hanslick einwenden, es sei «blanke Unwahrheit, diese Luxusvorstellung für reiche Bankiers, Aristokratinnen und Berichterstatter ein nationales Fest» zu nennen, so sahen doch die meisten Besucher darin die von Nietzsche proklamierte «Morgenweihe», auf die politische Taten folgen mußten, wie sie im Siegfried-Mythos angesprochen waren. Im «Ring des Nibelungen», dem kultischen Mittelpunkt des Festes, konnte das Publikum den deutschen Lichthelden im Kampf mit den goldgierigen Mächten des Dunkels erleben, denen er, auf der Bühne, tragisch erliegen muß – in der Wirklichkeit dagegen, da ließ die Wagner-Propaganda keinen Zweifel, war dieser Kampf zwischen dem Deutschen und Undeutschen, den helläugigen Wotanssöhnen und den Haßgeburten der Unterwelt, längst nicht entschieden. Mochten auch Wagner-Kenner wie Nietzsche in diesem Wunderwerk des Musiktheaters mehr erkennen als eine plumpe Vorlage zum Rassenkampf, so wollte doch die Mehrzahl der Bayreuth-Besucher gerade das im «Ring» wiederfinden: Siegfrieds Sieg beherrschte die Vorstellungen bis zu Adolf Hitler, der seine Programmschrift «Mein Kampf» nach denselben unversöhnlichen Gegensätzen, die auf eine apokalyptische Entscheidung drängten, zusammenfabulierte – im Anschluß an seinen ersten Wahnfried-Besuch 1923 und mit dem Segen des Endkampf-Ideologen Houston Stewart Chamberlain.

Den messianischen «Ring» hat Nietzsche in der Treibhaushitze des Sommers 1876 nur teilweise erlebt. Da «alles Sehen umöglich», war er nur, von einem verdunkelten Raum aus, Ohrenzeuge der Proben gewesen und hatte der Schwester geklagt, ihm graue «vor jedem dieser langen Kunstabende», was vor allem mit seinen Kopf- und Augenschmerzen zusammenhing. Noch mehr aber fürchtete er die Wahnfried-Empfänge; nach seinem offenbar mißglückten Antrittsbesuch wies er «alle Einladungen» zurück. Vielleicht empfand er dasselbe wie Franz Liszt, der bitter bemerkte: «Ich will nicht wieder nach Bayreuth gehen – der Pudel hat seine Schuldigkeit getan.» Bei einem späteren Gesellschaftstermin sei Nietzsche dem hohen Paar «so stumm und düster» vorgekommen, «daß während eines mehrstündigen Zusammenseins auch nicht ein Wort aus ihm herauszubringen war».

Nach zwei Wochen Bayreuther Quälereien reiste Nietzsche am 4. August zur Erholung in den Bayerischen Wald, «mich bei Wagner nur mit einem Telegramm von etwas fatalistischem Ausdruck entschuldigend», wie er später mysteriös erzählte. Zu den eigentlichen Aufführungen, die erst neun Tage später begannen, wollte er ursprünglich gar nicht mehr zurückkehren. Im «Gasthaus zum Ludwigstein» in Klingenbrunn, so berichtete er, «trug ich meine Melancholie wie eine Krankheit mit mir herum», auch «eine Diarrhoe», die ihn «zu alledem» quälte. Vermutlich wußte er, daß er durch seine überstürzte Abreise in Wahnfried endgültig verspielt hatte. Einer seiner Basler «Zöglinge», der im Kreis von Wagnerianern den Namen Nietzsches aussprach, stieß auf «eisiges Schweigen». Auch verstand der einstige Jünger sehr wohl die beißende Ironie, mit der Wagner ihm durch Elisabeth ausrichten ließ, «Du möchtest nur kommen, seine Kompositionen hätten Dir ja immer gefallen» – als wäre es in ihrer Beziehung je um «Kompositionen» gegangen.

Einen Tag vor Festspielbeginn tauchte Nietzsche wieder in Bayreuth auf. Über die Gründe, die ihn seinen Klingenbrunner Therapieversuch abbrechen und an den Ort seiner Leiden zurückeilen ließen, hat er nie gesprochen. «Die Sehnsucht», wollte seine Schwester wissen, «trieb ihn zurück, die Sehnsucht nach der dionysischen Musik.» Eher die nach dem dionysischen Freund. Am selben Tag, dem 12. August, war nämlich Erwin Rohde eingetroffen, der einst die höheren Weihen der Wagner-Verehrung von Nietzsche empfangen hatte. Doch jetzt, in der brütenden Hitze der Festspielstadt, umgeben von «Unordnung, Strapaze, Staub» und anderen «Scheußlichkeiten an den Pfaden dieser Herrlichkeiten», hatte Nietzsche-Freund Rohde, neben Wagner, nur «das Kind» im Kopf, seine Verlobte Valentine, der er fast täglich aus Bayreuth berichtete. «Die Stadt ist voll wie zu einer Weltausstellung», schrieb er ihr zwei Tage nach seiner Ankunft, «Kaiser und ‹Ferschten› die Menge und alles Teufelszeug», darunter auch die «jüdischen Spione, die hier in Haufen herumkriechen». Und Nietzsche? «Der arme geliebte Freund! heute hat ihn Frau Wagner mit Beschlag belegt, aber von morgen an werden wir viel zusammen sein.»

In beidem irrte Rohde. Cosima dachte gar nicht daran, mit dem lästig gewordenen Propagandisten ihre Zeit zu verschwenden, zumal an diesem Tag der deutsche Kaiser, Wilhelm I., das Festspielhaus beehrte und dem Meister in einer «Walküren»-Pause seine Komplimente machte. Wagner rühmte sich später, «daß so noch nie ein Künstler» von «Kaiser und Fürsten» geehrt worden sei. Nietzsches Erinnerung an das Kaiserlob klang etwas anders. «Typisch der alte Kaiser», schrieb er, «der mit den Händen applaudierte und seinem Adjutanten, dem Grafen Lehndorf, dabei zurief: ‹scheußlich! scheußlich!›»

Rohdes Annahme, Cosima belege den Freund «mit Beschlag», ging wohl auf eine Verlegenheitsantwort Nietzsches zurück. Denn schon beim ersten Wiedersehen muß ihm klargeworden sein, daß Freund Rohde nicht mehr von der Freundesliebe, sondern von der gewöhnlichen Sehnsucht nach seiner kleinen Braut erfüllt war. Nicht Frau Wagner hielt Nietzsche von Rohde zurück, sondern dessen Ärger über die banale Präokkupation des Bräutigams, weshalb Nietzsche auch auf weiteres Zusammensein verzichtete und ihn weder «von morgen an» noch überhaupt mehr sehen wollte. In «Ecce homo» erinnerte sich Nietzsche voll Verachtung, wie die «durch ihre geheime Sexualität überredende Musik Wagners» das geeignete «Bindemittel für eine Gesellschaft» abgab, «in der Jedermann seinen plaisirs nachging».

Während Rohde in den folgenden Tagen vergnügt mit Freunden «stundenlang auf dem Moos im Tannenwalde» lag, um «gegen 4, wie die weisen Einsiedler des Gebirges, aus der Einsamkeit in das Menschengewimmel» vor dem Festspielhaus «herunter zu steigen und in die Wonne dieses Wunderwerkes unterzutauchen», von der seine Adressatin Valentine kaum etwas verstehen mochte, saß Nietzsche «leider nicht mit im Wald, er hat seine Schwester bei sich, muß auch (als ein berühmter Mann) zu viele Bekannte und Verehrer (und -rinnen) abwarten». Sein Warten hat Elisabeth beschrieben. Wenn sich auf dem Hügel der Vorhang zum «Nibelungen»-Drama hob, saß Nietzsche im Giesselschen Salon, zur Gesellschaft Schwester Elisabeth, die irgendwann zu ihm gesagt haben will: «Wie sonderbar ist das alles, daß wir an einem Festspielabend in Bayreuth so allein zu Hause sitzen», worauf ihr Bruder «mit einem merkwürdigen Ausdruck» geantwortet haben soll: «Das ist die erste gute Stunde, die ich hier verlebe.»

Rohde, mit dem Nietzsche nur noch in Gesellschaft verkehrte, wo er «sehr schön am Klavier phantasierte», wußte sich zu trösten. An die Stelle des alten Freundes war ein neuer getreten, der vor den langen «Nibelungen»-Abenden mit ihm im Moos saß und philosophierte: der «moralistische» Denker Paul Rée, seit langem Nietzsche «sehr ergeben». Rée war Rohde von Nietzsche vorgestellt worden und wich ihm in Bayreuth nicht mehr von der Seite. «Er ist ein angenehmer, nachdenkender Mensch», schrieb Rohde seiner Braut, «in dessen Atmosphäre sich behaglich existiert. Ach, welches Wohlgefühl, mit klugen Menschen umzugehen!»

Der «sehr angenehme Gesellschafter» rief in Rohde sogar einen alten Plan wach, den einst Nietzsche zur besten Zeit ihrer Freundschaft entwickelt hatte: mit Freunden zusammen eine «Kolonie der ‹Weisen› gründen zu wollen». 1870 hatte Nietzsche seinem Dioskuren ein «träumendes Verlangen» gestanden, eine «neue griechische Akademie» zu gründen, unter idyllischen Vorzeichen: «daß wir eine kleine Insel erreichen werden, auf der wir uns nicht mehr Wachs in die Ohren zu stopfen brauchen» – wohl wie die Gefährten des Odysseus vor den Lockrufen der Sirenen. Die Freunde sollten nur noch als «unsere gegenseitigen Lehrer» füreinander dasein, und ihre Bücher sollten als Angelhaken dienen, «um jemand wieder für unsere klösterlich-künstlerische Genossenschaft zu gewinnen». Nietzsche hatte seinen Wunschtraum von der Männerinsel damals mit einem Satz abgerundet, der aus Wilhelm Heinses erotischem Befreiungsroman «Ardinghello oder die glückseligen Inseln» stammen könnte: «Wir leben, arbeiten, genießen für einander.»

Dem Lockruf auf die Freundeskolonie hatte Rohde, zu Nietzsches großer Enttäuschung, widerstanden. Knapp sieben Jahre später in Bayreuth, ohne Nietzsche, aber mit Paul Rée zur Seite, sehnt Rohde sich danach, «fern von dieser öden Welt der ‹Jetztzeit›» nur noch füreinander dazusein, im erhabenen Bund der Philosophen – das «Kind» Valentine würde sich schon zu arrangieren wissen. Nietzsches Schwester Elisabeth bemerkte die Annäherung der beiden Freunde als erste. Nachdem sie ihrem Bruder von einer überraschenden Warnung Rohdes vor der Ehe berichtet hatte – wer ihr entgehe, so der Bräutigam, solle «ein Freudenfest veranstalten, denn er wäre einer großen Gefahr entgangen» –, kam sie auf eine noch interessantere Neuigkeit zu sprechen: «Rohde hat eine fabelhafte Zuneigung für Rée», was, nach Elisabeths diskreter Einschätzung, nicht ganz bedenkenlos sei. Rohde habe nämlich von seiner zukünftigen Schwägerin erfahren, daß der neue Freund bei einem Besuch in einem Mädchenpensionat Mißstimmung hervorgerufen hatte, weil, wie Elisabeth nach bedeutungsschwerem Gedankenstrich erläuterte, «er sich gar nicht um die Pensionärinnen gekümmert hätte!»

Als Nietzsche am 31. August 1876 aus Bayreuth diese Zeilen über Paul Rée erhält, kann er diesen bereits als seinen neuen Lebensgefährten bezeichnen. Der Mann, mit dem Rohde am liebsten eine Kolonie gegründet hätte, war schon vor Ende der Festspiele mit Nietzsche Richtung Basel abgereist. Hier zog er in die «nächste Nähe» des Verehrten, aß täglich mit ihm zu Mittag und zu Abend, las dem Augenkranken stundenlang vor und schirmte ihn gouvernantenhaft gegen die Zudringlichkeit seiner Studenten ab. Ihre Tage verbrachten die beiden in Nietzsches «durch geschlossene Fensterläden und zusammengezogene Vorhänge seiner Augen wegen in eine gewisse Dunkelheit versetzten Zimmer». Ein obskures Paar, das Bayreuth für immer den Rücken gekehrt hatte. Während Nietzsche seiner Mutter die frohe Botschaft sogleich mitteilte – «er und ich haben große Freude an einander» –, wurde Freund Rohde im fernen Kiel erst einen Monat später über den neuen Bund ins Licht gesetzt; außerdem über eine bevorstehende Reise zu den «glückseligen Inseln»: «Der allertrefflichste Rée», schrieb Nietzsche in Siegerlaune, «geht mit nach Sorrento.»

Doch am Ziel von Nietzsches Flucht aus dem Bayreuther Labyrinth warteten bereits Cosima-Ariadne und, mit gesenkten Hörnern, ihr göttlicher Minotaurus auf ihn. Man hatte noch eine Rechnung zu begleichen.

«Cherchez le Juif»

Den in Bayreuth abgebrochenen Kontakt hatte Wagner mit einer Provokation wiederaufgenommen. Aus Venedig forderte er einen Monat darauf bei Nietzsche, ohne Anrede oder Schlußformel, zwei Paar Seidenunterhosen und -jacken an, und zwar «feinste Ware». Der flüchtige Jünger sollte noch einmal durch die Reifen springen. Wagner, der es genoß, Nietzsches Schamhaftigkeit in Konflikt mit dessen Hörigkeit zu bringen, konnte sich des Ausgangs sicher sein. Nietzsche sprang, nicht ohne dem Meister zu versichern, die Zustellung der Dessous habe ihm «Freude gemacht». Als kleine Retourkutsche sprach der Apostel seinen Herrn zum ersten Mal mit «Hochverehrter Freund!» an, was in dessen Augen einer dreisten Anmaßung gleichkam. Dafür war es vermutlich auch der letzte Brief, den er von Nietzsche empfing.

Wagners Verstimmung, für die er sich vorläufig nur mit dem indezenten Auftrag schadlos hielt, hing mit Nietzsches Festschrift «Richard Wagner in Bayreuth» zusammen, die zwar vom Titelhelden nach Empfang enthusiastisch begrüßt, aber nicht gelesen worden war. «Natürlich», weiß Cosima-Biograph DuMoulin Eckart, «hatte der Meister keine Zeit, es zu lesen. Aber Frau Cosima wandte eine Nacht dran», die zur blitzartigen Vereisung ihres Verhältnisses führte. Erst nach dem Festspieltrubel fand Wagner die Zeit, sich selbst mit dem Buch zu beschäftigen, und das, wie aus einer Cosima-Notiz vom Oktober hervorgeht, über längere Zeit hinweg. Doch was genau das Paar an Nietzsches vermeintlichem Hymnus störte, wollte Cosima ihrem Tagebuch nicht anvertrauen.

Bis heute gilt Nietzsches letzte «Unzeitgemäße Betrachtung» als festliche Danksagung eines Jüngers an seinen Meister. Irregeleitet durch Nietzsches Weihrauch, Wagners voreiligen Segen und Cosimas taktisches Schweigen, sind sich die Deuter weitgehend einig. Für Hans Mayer bot die Schrift die «Enthüllung geheimster Absichten Wagners», für Peter Wapnewski einen «Panegyrikus», ja, ein «Enkomion, Wagner wie ein Krönungsmantel um die Schultern gelegt», was auch von Wagner-Forscher Dieter Borchmeyer, der darin eine «rein epideiktische Schrift» sah, und Wagner-Biograph Martin Gregor-Dellin bekräftigt wurde, der bezweifelte, ob «je einem Künstler wie einem Philosophen derartiges bereitet» wurde. Der Philosoph und Nietzsche-Herausgeber Mazzino Montinari ging noch einen Schritt weiter und verblüffte mit der «sowohl von der Nietzsche- als auch von der Wagnerforschung bis heute ziemlich übersehenen Tatsache», daß die «Vierte Unzeitgemäße» «eine äußerst geschickte Mosaikarbeit von Zitaten aus Wagnerschen Schriften» sei. «Wagner», so Montinari, «wird durch Wagner dargestellt und erklärt.»

Ebenso überzeugend hätte Montinari die Abhängigkeit aller früheren Nietzsche-Schriften von Wagner nachweisen können – und dennoch, wie seine Vorgänger, den entscheidenden Unterschied zu «Richard Wagner in Bayreuth» übersehen: Hier wurde nicht Wagner durch Wagner dargestellt und verherrlicht, sondern Wagner durch Nietzsche, unter der Maske des Festredners, entlarvt und erledigt. Weder in Nietzsches kritischen Privataufzeichnungen noch in seinen öffentlichen Abrechnungen des Jahres 1888 findet sich ein Argument, das nicht auch schon in der «Unzeitgemäßen» formuliert oder zumindest angedeutet wäre. Unter den Blumengebinden falscher Bayreuth-Lobrednerei – «Es ist die erste Weltumseglung im Reiche der Kunst» – hat Nietzsche einen Totenkranz nach Wahnfried geschmuggelt. Und keiner, außer den Empfängern, hat es bemerkt.

Unentdeckt von den Lesern blieb auch der Vertrauensbruch, den Nietzsche beging, als er für seine getarnte Abrechnung die nur wenigen Freunden vorgelegte Wagner-Autobiographie «Mein Leben» heranzog, und damit nachträglich Wagners Bedenken bestätigte, die Übergabe des Manuskripts an den Jünger sei ein «Akt ausschweifendsten Vertrauens». Ohne die Indiskretion hätte Nietzsche kaum das trübe Bild von Wagners Charakter zeichnen können, das sich angeblich bereits in dessen Jugend – von der die durch Nietzsche lektorierten Teile der Autobiographie handelten – abgezeichnet habe. Über sie, so Nietzsche, könne «man nicht hinwegkommen, ohne auf Rätsel zu stoßen»; Rätsel seiner Herkunft, aber auch seiner verwirrenden Eigenschaften, «welche eher Bedenken als Hoffnungen erregen müssen: ein Geist der Unruhe, der Reizbarkeit, eine nervöse Hast im Erfassen von hundert Dingen, ein leidenschaftliches Behagen an beinahe krankhaften hochgespannten Stimmungen, ein unvermitteltes Umschlagen aus Augenblicken seelenvollster Gemütsstille in das Gewaltsame und Lärmende».

Eigentlich sei Wagner gar kein Musiker, sondern eine «schauspielerische Urbegabung», die sich, da nicht «auf dem nächsten trivialsten Wege» zu befriedigen, «den Zugang zu den anderen Künsten gewaltsam erbrach». Als Künstler mit dem Hauch des «Dilettantischen» behaftet, habe er etwas «von Demosthenes an sich» – dem Rhetor, der gegen sein Stottern anbrüllte –, während er als Schriftsteller einem Behinderten gleiche, «dem man die rechte Hand zerschlagen hat und der mit der linken ficht». So betrachtet, habe das Leben des Theatergottes «sehr viel von der Komödie an sich, und zwar von einer merkwürdig grotesken»: Weil in ihm zu viele Triebe sich gleichzeitig Bahn brechen wollen, kommen sie sich gegenseitig in den Weg, bis der Meister, als «Erkennender, stolpert».

«Richard Wagner in Bayreuth» stellte aber nicht den Possenreißer dar, den Nietzsche in «Also sprach Zarathustra» als rufmörderischen Seiltänzer enttarnte, sondern den labyrinthischen Dämon «in den verschlungenen Wegen und Wandlungen» seines Geisterreiches. «Zu unterst», schrieb Nietzsche über seinen einstigen Gott, «wühlt ein heftiger Wille in jäher Strömung, der gleichsam auf allen Wegen, Höhlen und Schluchten an's Licht will und nach Macht verlangt» und der am Ende, in «seinem schrankenlosen tyrannischen Begehren», wie der stierköpfige Minotaurus, «Gewalt übt». Hätte diesem dämonisch besessenen «bösen» Künstler kein «liebevoller Geist» den rechten Weg gezeigt, dann wäre ihm die völlige Entartung nicht erspart geblieben. «So geschieht es wohl», weiß Nietzsche, «daß gute Naturen verwildern» und sogar unter Künstlern, «welche nur der eigenen sittlichen Reinigung nachjagten» – was er Wagner gewiß nicht attestieren wollte –, «solche verwilderte und über und über erkrankte, durch Mißlingen ausgehöhlte und zerfressene Menschen» zu finden seien.

Der Wagner, den Nietzsche hier beschreibt, flößt wie ein Ungeheuer «Mitleiden, Schrecken und Verwunderung» ein. Getrieben von seiner «dämonischen Lust an Abgrund und Brandung», bezaubert er sein Publikum mit der nicht weniger «dämonischen Übertragbarkeit und Selbstentäußerung seiner Natur», die ihn, gleich seinem «Nibelungen»-Fürsten Alberich, zu jeder Verwandlung befähigt. Mit hypnotischem Raffinement zieht er die Hörer in den Bann «jenes finsteren, nach *Macht und Glanz* unersättlich verlangenden persönlichen Willens», «jener tyrannischen Allmacht», zu «welcher es ihn so dunkel» treibt. Worauf Nietzsche, in einer finsteren politischen Prophezeiung, die von Wagner geforderte Menschheit der Zukunft beschreibt, jene «Geschlechter», deren Wesenszüge «aus der Geheimschrift seiner Kunst» herauszulesen sind: Dereinst werden sie die Welt so «erschüttern und erschrecken», als wäre mit ihrem Emporkommen «die Stimme irgend eines bisher versteckten bösen Naturgeistes laut geworden»; und diese elementare Stimme verkündet, «schrill und unheimlich», daß, wie es Wagners eigener Lebensphilosophie entsprach, die Leidenschaft «selbst im Bösen besser ist, als sich selber an die Sittlichkeit des Herkommens zu verlieren».

Doch mit Wagners Kunst und Philosophie, die jenes «im Ganzen sogar böser erscheinende» Geschlecht vorbereitete, habe sich, so der Festredner, seine Erdensendung erschöpft. Wagners Zeit sei um; er selbst werde nun, wie ein erster Vorbote der neuen Menschheit, an seine Stelle treten. Denn «indem der Betrachtende scheinbar der aus- und überströmenden Natur Wagners erliegt» – und diesen Eindruck mochte der ängstliche Nietzsche bis dahin vermittelt haben –, «hat er an ihrer Kraft selber Anteil genommen und ist so gleichsam *durch ihn gegen ihn* mächtig geworden». Was ihn nicht umbringe, wird Zarathustra später sagen, mache ihn nur stärker. Wie in Wagners «Nibelungen» der Germanengott Wotan, «dem der waltende Speer im Kampfe mit dem Freiesten zerbrochen ist, und der seine Macht an ihn verloren hat, voller Wonne am eigenen Unterliegen» dem «Überwinder» den Weg frei macht, soll Wagner für den heldenhaften Jüngeren von der Lebensbühne abtreten. Nietzsches Vorstellung vom Vater, der freiwillig abtritt wie einst Pastor Carl Ludwig in Röcken, taucht immer wieder in seinen Notizen auf, bis er im «Fall Wagner» verkünden wird, «daß ‹der alte Gott›, nachdem er sich moralisch in jedem Betracht kompromittiert hat, endlich durch einen Freigeist und Immoralisten erlöst wird». Um jeden Zweifel an der Identität dieses Wagner-Erlösers auszuräumen, hängt Nietzsche die kokette Aufforderung an: «Bewundern Sie in Sonderheit diesen letzten Tiefsinn! Verstehen Sie ihn? Ich – hüte mich, ihn zu verstehen ...»

Auch die Nietzsche-Interpreten haben sich mit dem Verstehen schwergetan. Um seinen alten Übervater abzuservieren, benutzte der Autor von «Richard Wagner in Bayreuth» eine so deutliche Sprache, daß man es, an zartere Intonation gewöhnt, nicht wahrhaben wollte. Gegen Schluß seiner Thronenthebungsschrift vergleicht Nietzsche sein ehemaliges Idol sogar mit einer Tierspezies, die Wagner selbst nur mit dem «Judentum» assoziiert hat, und charakterisiert des Meisters Ende in einem Bild von erlesener Ekelhaftigkeit: Wagner verhalte sich, zur «Sicherstellung» seines Erbes, wie ein «Insekt»; es «deponiert die Eier da, wo sie, wie es sicher weiß, einst Leben und Nahrung finden werden, und stirbt getrost». Im Gegensatz zu den anderen Lesern, die sich von Nietzsches Wortgeklingel irreleiten ließen, hat Wagner durchaus bemerkt, was Nietzsche mit dieser «Festpredigt» beabsichtigte: eine «Loslösung» auf seine Kosten. Auf des Jüngeren rhetorische Frage, «Täuschte Richard Wagner sich vielleicht selbst darüber?», gaben schon bald die Reaktionen des Älteren Antwort.

Auch ohne den Abgesang, der sich als verfrüht erweisen sollte, war die Stimmung des hohen Paares nach den Festspielen gereizt. Als sie Anfang Oktober zum Erholungsaufenthalt in Sorrent eintrafen, wußten sie bereits um das riesige Defizit der Bayreuth-Premiere von rund 150000 Mark – Nietzsches Basler Krankenpension würde pro Jahr 1600 Mark betragen – und waren zugleich um eine Enttäuschung reicher: Der Massenandrang der Aristokratie schien weniger auf Wagner-Enthusiasmus als Vergnügungssucht zurückzuführen zu sein, denn «nicht eine von den Fürstlichkeiten, nachdem sie Orden an alle Ausübende verteilt», zeigte sich, so Cosima, bereit, dem Unternehmen auch pekuniär zu helfen. Wieder mußte Ludwig einspringen. Auch mit dem künstlerischen Ergebnis war man unzufrieden. In Sorrent kam Wagner der Gedanke «an vollständiges Aufgeben der Festspiele und Verschwinden» – Aufgeben dadurch, daß sein Theater, wie der Freund feuriger Vernichtung meinte, «abbrennen möchte»; Verschwinden dadurch, daß man entweder «alle unsere Kräfte» der «Erziehung der Kinder» widmet oder sogleich Tristans weitem Reich der Weltennacht zueilt.

«R. ist sehr traurig», notiert Cosima kurz vor der Abreise nach Italien, «sagt, er möchte sterben!»

Traurig war der Meister auch, weil er sich von seiner französischen Geliebten Judith Gautier trennen mußte, die ihn während der Festspiele – und trotz Cosima – mit ihren Reizen und Parfüms beglücken durfte. Der quasi offiziellen Mätresse, die er regelmäßig in ihrer Bayreuther Wohnung aufsuchte, schrieb Wagner in schmachtender Erinnerung: «Ich genoß Ihre Umarmungen», und noch aus den Familienferien und trotz Cosima gestand er ihr: «Für ewig bleiben Sie mir das, was Sie mir sind, der einzige Strahl der Liebe in diesen und jenen für mich so unerfreulichen und so unbefriedigenden Tagen.» Dafür wird er der Geliebten bei den nächsten, dem Bühnenweihfestspiel «Parsifal» gewidmeten Festspielen von 1882 gelegentlich den Platz an seiner Seite einräumen, während Cosima neben ihrem Vater Liszt sitzen muß. Deren Haß auf die sieben Jahre jüngere, üppig proportionierte Rivalin drückte sich auch darin aus, daß sie ihr in den angeblich so offenherzigen Tagebüchern in diesen Tagen kein Sterbenswörtchen gönnte – eine Auszeichnung, die auch dem in Ungnade gefallenen Nietzsche zuteil wurde. Durch den Johannistrieb ihres parfümierten und herausgeputzten Gatten – «Papa immer Pomade», bemerkte sogar Jung Siegfried – wurde Cosima in Depressionen gestürzt, die sie mit nach Sorrent ins Hotel Vittoria brachte, wo der nicht minder betrübte Wagner seinen Grillen nachhing. Einmal träumte er, wie sie im Tagebuch festhielt, von «meiner Hinrichtung», während sie den «festen Entschluß» faßte, «gegen die Schwermut anzukämpfen, die mich zu umnachten droht».

An einem stürmischen Nachmittag, «die Wellen schon sehr mächtig», verläßt Cosima den verstimmten Meister, der «immer unwohl», fährt «auf ein Stündchen auf dem Meer» und schreit sich ihre Leiden von der Seele; doch «empfängt keine Welle noch Wolke die Klage, und unbeweglich der Berg schickt sie zurück». Die Verzweiflungsfahrt hatte Tradition. Schon einmal, 1858, hatte sie aus Liebeskummer und Lebensüberdruß einen Kahn bestiegen und sich von Wagner-Freund Karl Ritter auf den Genfer See hinausrudern lassen, um den Tod, vielleicht auch die Sentasche Erlösung aus dem «Fliegenden Holländer», in den Fluten zu suchen – verzweifelt über ihre verpfuschte Ehe mit Bülow und möglicherweise unglücklich verliebt in Ruderer Ritter oder, nach anderer Meinung, das Musikgenie Wagner in seinem Züricher Wesendonck-«Asyl». Die tragische Szene entpuppte sich schnell als Farce, denn auch Karl Ritter, von Wagner in eine überstürzte Heirat getrieben, wollte ins Wasser springen, aus Eheüberdruß und wohl ebenfalls unglücklicher Liebe zur unglücklichen Cosima oder, wie nicht weniger wahrscheinlich, zu Richard Wagner.

Als beide auf dem Trockenen waren, eilte Cosima zwar umgehend zu ihrem Gatten Hans zurück, überschüttete aber dessen Idol Wagner mit «krankhaften heftigen Zärtlichkeiten»; Ritter trennte sich von seiner Frau, um sein Idol Wagner nach Venedig zu begleiten, wo sie für sieben Monate im Palazzo Giustiniani wohnten und sich an der Entstehung des «Tristan» erfreuten. Achtzehn Jahre später sollten die Bayreuther, auf dem Weg nach Sorrent, in der Lagunenstadt vorbeischauen und auch dem «Tristan»-Palazzo einen Besuch abstatten.

Bei der Ankunft am Vesuv herrschte Empedokles-Stimmung: Der Meister, immer «etwas angegriffen», fühlte «sanftes Sehnen» nach dem Tode, der Vulkan sandte «abends Feuersäulen empor», wie Malwida von Meysenbug notierte. Sie hatte den in Basel beurlaubten Nietzsche – «den schönheitsdurstigen Griechen», wie sie schrieb, den es «nach Süden zog» – zusammen mit seinem neuen Freund Paul Rée eingeladen sowie einen lungenkranken Studenten aus Basel, von dem Malwida befürchtete, «daß er Absichten hatte, das Ende des Empedokles zu suchen». Nietzsche und Rée wollten die ersten Urlaubswochen miteinander allein sein und legten deshalb, bevor sie von Genf aus mit dem Jungen nach Sorrent fuhren, in einem versteckten Kurort im Wallis eine dreiwöchige Erholungspause ein, die Rée «gewissermaßen die Flitterwochen unserer Freundschaft» nannte. Gleich nach der Ankunft in der Sorrentiner Villa Rubinacci, wo die drei mit Malwida die nächsten Monate verbringen wollten, spazierte man hinüber zum Hotel Vittoria, um Wagners den Antrittsbesuch abzustatten.

Schon die erste Begegnung Nietzsches mit seinen alten «Freunden» ging, wie voraussehbar, daneben. Zwar glaubte sich Malwida, die in der Rolle der Vermittlerin auftrat, an der Seite der «von mir so innig geliebten und hochgeschätzten Cosima» mit «ganzem Herzen diesem Nachgenuß von Bayreuth im Verein mit so ausgezeichneten Menschen» wie Nietzsche und Rée hingeben zu dürfen, doch war ihre Schwärmerei, wie sie bald genug bemerkte, fehl am Platze. «Ach wie wenig ahnte ich da», schrieb sie, Goethe zitierend, «daß die Dämonen, die auch im Labyrinth der Brust bei Nacht wandeln», bereits «am Werk waren, um zu entzweien und zu trennen».

Das Labyrinth und die Dämonen: Wagner-Minotaurus hatte es wieder einmal verstanden, den Helden in seinen Irrgarten zu locken. Er mußte nur warten, bis der sich eine Blöße gab. Und Nietzsche gab sich die Blöße, indem er seinen neuen Freund zu den Wagners brachte. Denn der Rittergutsbesitzerssohn, der im 1870er Krieg verwundet worden war und sich, als Schopenhauerianer und Bayreuther Patronatsherr, zu Nietzsches Idealen bekannte, war Jude. Cosima notierte mit giftiger Feder, «bei näherer Betrachtung finden wir heraus, daß er Israelit sein muß». Nietzsche, der die frostige Ablehnung seines Partners bemerkte, verkrampfte seinerseits und «befremdete» Malwida, die «in Nietzsches Reden und Benehmen eine gewisse gezwungene Art von Natürlichkeit und Heiterkeit zu bemerken» glaubte, welche «ihm sonst ganz fremd war».

Wagner, auch sonst kein Freund von Kompromissen, «verbat» sich hinfort, wie Elisabeth Nietzsche schrieb, «die Anwesenheit Dr. Rées», da er gegen ihn «vom ersten Augenblicke an» – offenbar war Nietzsche die «nähere Betrachtung» der Wagners so aufgefallen, daß er der Schwester davon erzählte – «eine unüberwindliche Abneigung» hegte, die auf sein «allzu starkes Vorurteil gegen Juden» zurückging. Cosima, die wieder einmal mit ihrem «Cherchez le Juif» Erfolg hatte, überging fortan den anstößigen Nietzsche-Freund; nur ihrer Freundin Mimi als einer «Eingeweihten» vertraute sie an, daß «Israel in Gestalt eines Dr. Rée» aufgetaucht sei, «sehr glatt, sehr kühl, gleichsam durchaus eingenommen und unterjocht durch Nietzsche, in Wahrheit aber ihn überlistend, im Kleinen das Verhältnis von Judäa und Germania» – womit Cosima einen Gedanken aus «Was ist deutsch?» aufnahm, dem zufolge der «Jude» den «Deutschen» um sein Erbe bringe, indem er sich «mitten in das deutsche Volks- und Staatswesen» schwingt, um es «auszubeuten und endlich nicht etwa zu beherrschen, sondern es geradewegs sich anzueignen».

Wagner, der generös über das «Judentum» seiner Mitarbeiter und Handlanger hinwegsah, solange diese sein antisemitisches Glaubensbekenntnis teilten, nahm den Kampf gegen den «Israeliten» Rée auf, wohl wissend, daß jeder Schlag auch den abtrünnigen Nietzsche treffen mußte. Zuerst scheint er Malwida in diesem Sinn bearbeitet zu haben, die denn auch «nicht umhin» kam, «zu bemerken, daß verschiedene Einflüsse eine starke Wirkung» auf Nietzsche «ausübten und sich offenbar seiner Art des Denkens und des Ausdruckes in hohem Grade bemächtigten» – als hätte sie dasselbe nicht auch von Wagners Einfluß auf ihn behaupten können. Danach ging der Meister den abgefallenen Jünger direkt an: Das Schicksal, das Deutschland von seinen schleichenden Ausbeutern drohe, stünde ihm durch Paul Rée bevor. «Der wird einmal schlecht an Ihnen handeln», prophezeite Wagner, «der führt nichts Gutes im Schilde.»

Das Gespräch der beiden, von Elisabeth wie die einstige Tribschener Seepromenade phantasievoll zum «Abendspaziergang» mit einer «gewissen Melancholie der Beleuchtung» ausgemalt, hat seitdem die Interpreten beschäftigt. Kaum einer mochte sich der romanhaften Ausschmückung Elisabeths anschließen, die zu wissen glaubte, Wagner habe «plötzlich und zum ersten Male ausführlich von dem Parsifal zu reden» begonnen, und «zwar ganz merkwürdig, nicht als von einem künstlerischen Plan, sondern von einem christlich-religiösen Erlebnis». Nietzsche-Biograph Werner Ross meinte, «an dieser Erzählung, so dürfen wir ohne Kühnheit sagen, stimmt nichts», und Wagner-Biograph Dieter Borchmeyer vermutete gar «eine dramaturgisch raffinierte Manipulation von Fakten» zum Zweck einer, wie Martin Gregor-Dellin enthüllte, «heiligen Lüge», die den «Bruch» Nietzsches als Folge von Wagners rührseliger Spätberufung darstellen sollte. Unglücklicherweise stellt Elisabeths Version des Gesprächs die einzige Quelle dar, weshalb manche sogar bezweifelten, daß es überhaupt stattgefunden hat.

Doch es hat stattgefunden, wie Nietzsches Aufzeichnungen beweisen, und auch mit dem Thema der Unterhaltung lag Elisabeth bei ihrer freihändigen Dramatisierung nicht so falsch, wie man, gerade bei ihr, annehmen zu müssen glaubte. Die Unterredung, die man erfahrungsgemäß als Wagner-Monolog mit Zwischenfragen bezeichnen kann, fand vermutlich am Allerseelenfest 1878 statt, da Cosima über einen «schönen Spaziergang» und den gemeinsam «mit unseren Freunden Malwida und Pr. Nietzsche» verbrachten Abend berichtet. Paul Rée, der seit Bayreuth als Nietzsches unzertrennlicher Begleiter aufgetreten war, wird nicht erwähnt, da man ihn am Vorabend als Jude entlarvt und daraufhin ausgeladen hatte. Welches Thema hätte sich also für ein Vieraugengespräch der beiden Männer besser geeignet als diese «Ausscheidung» des Undeutschen aus dem Wagner-Zirkel, die bei Nietzsche neuerliche Verbitterung, bei Wagner hingegen missionarische Aufgeregtheit auslösen mußte: Er wird den störrischen Geist an einstige gemeinsame Überzeugungen erinnert haben, an «tückische Zwerge», die dem deutschen Siegfried nach dem Leben trachten, aber auch an die Maßregeln, die sich ihm als geeignet darstellten, dem «Judentum» entgegenzutreten.

Zehn Jahre später erinnerte sich Nietzsche an ein Wagner-Gespräch, bei dem dieser «begann, vom ‹Blute des Erlösers› zu reden, ja es gab eine Stunde, wo er mir die Entzückungen eingestand, die er dem Abendmahl abzugewinnen wisse». Von «Parsifal», wie Elisabeth meinte, war hier nicht die Rede. Es gab auch keinen Grund dazu, da Nietzsche den Prosatext seit Cosimas Tribschener Privatvorlesung kannte und der Meister sich erst im folgenden Jahr mit der Komposition beschäftigen sollte. Bei dem Gespräch in Sorrent dagegen dürfte es Wagner darauf angekommen sein, dem ehemaligen Jünger, der so rücksichtslos gegen Bayreuther Dogmen frevelte, die Leviten zu lesen und ihm jene geheiligte Welt noch einmal vor Augen zu führen, die er als «Judengenosse» nun mit Füßen trat. Schon 1873 hatte Wagner Malwida ins Gewissen geredet, ihr Patenkind unter allen Umständen «taufen zu lassen», da man allein durch diese Kulthandlung Christus angehöre, mit dem man sich «durch das Abendmahl» vereinige. «Die Taufe und das Abendmahl seien unersetzlich», beschwor er die aufgeklärte Freundin, «keine Erkenntnis kann dem Eindruck des letzteren nahekommen.» Allein die heiligen Sakramente hülfen gründlich gegen die semitische Gefahr, der arische Jesus von Nazareth gegen den orientalischen Jahwe-Glauben. 1880 würde Wagner seinen jüdischen «Parsifal»-Dirigenten Hermann Levi zur Abkehr von seinem Glauben drängen und ihm bei einer Aussprache nicht nur Beispiele für die «Einfachheit und Innigkeit» der «kirchlichen Akte» im Protestantismus geben, sondern ihn auch mit dem Gedanken vertraut machen, «ihn taufen zu lassen und mit ihm zum Abendmahl zu gehen». Rabbinersohn Levi, der gelegentlich in Wagners Judenhetze einstimmte, widerstand.

Sollte Wagner beim Sorrentiner Allerseelen-Spaziergang 1876 denselben Missionsversuch mit Nietzsche unternommen haben, dann nicht aus dem naiven Glauben, den spätestens durch Schopenhauer zum Atheismus Bekehrten in den Schoß der Kirche zurückholen zu können. Auch dürfte er, wie dessen Notizen nahelegen, mit Nietzsches neuen aufklärerischen Ideen bekannt geworden sein, die dieser zu Cosimas Verdruß im Hotel Vittoria vorgetragen hatte. Wagner war viel zu durchtrieben, um tauben Ohren zu predigen. Er wußte, spätestens seit er «Richard Wagner in Bayreuth» gelesen hatte, wie Nietzsche dachte, wo Nietzsche stand, und konnte deshalb im Ernst nur noch die Absicht verfolgen, den Renegaten dafür zu bestrafen. Er nutzte also den gemeinsamen Spaziergang, um den empfindlichen Nietzsche mit seiner Unversöhnlichkeit gegenüber dem Juden Rée vor den Kopf zu stoßen.

«Der letzte Romantiker Wagner», schrieb Nietzsche später im Zusammenhang mit den Abendmahlsentzückungen, «selbst morsch und alt geworden, sank hülflos vor den alten christlichen Idealen nieder, und schickte seine Flüche gegen solche aus, die, wie ich selbst» – und wohl auch Paul Rée, mit dem er sich später zerstreiten sollte – «den Willen gegen diese Ideale bei sich aufrecht erhielten.» Wir, so gab Wagner seinem abgefallenen Schüler zu verstehen, haben uns nichts mehr zu sagen. Nietzsche, düpiert und verunsichert zugleich, hatte verstanden. «Mir selbst gab dies unerwartetste Ereignis wie ein Blitz Klarheit über den Ort, den ich verlassen hatte», schrieb er, «und auch jenen nachträglichen Schrecken, wie ihn Einer empfindet, der unbewußt durch eine ungeheure Gefahr gelaufen ist.» Ohne ihr doch entronnen zu sein. «Als ich allein weiter ging, glaubte ich in das Nichts zu gehen.»

Obwohl die Wagners, laut Nietzsche, «den Monat November bleiben» wollten und Malwida noch in ihren Memoiren irrtümlich annimmt, «Wagners schieden Ende November», wurde bereits am 4. November die «Abreise nach Rom» beschlossen, für die Cosima erst am folgenden Tag die Begründung nachreichte: «Winter ist da ... wir denken an Fortgang.» Der wilde Aufbruch hatte indes weniger mit dem Wetter zu tun, das kurz darauf wieder mit sommerlicher Wärme die Villa-Rubinacci-Gäste zum Seebad lockte, sondern mit eben diesen, die man deshalb auch am letzten Abend vom Wagner-Zirkel ausschloß. Allein Malwida war noch willkommen, und man drängte sie, nun ihrerseits mit dem Philosophenpaar zu brechen und sich den Wagners anzuschließen. Das Widerstreben der gesetzten Dame führte zu einem der üblichen Wutausbrüche, bei denen Wagner sich darüber ausließ, daß seine alte Freundin sich für diese «Knäblein» aufopfere, statt ihn auf die Bildungsreise nach Rom zu begleiten. Um Wagner versöhnlich zu stimmen, reiste Malwida mit der Familie wenigstens bis Neapel, entzog sich aber dort der Zumutung, «noch einmal zu hören, wie Wagner außer sich war», und kehrte zu ihren Freunden in die Villa am Meer zurück.

«Mit Malwida brachten wir acht Tage zu», schrieb Cosima unmittelbar nach der Abreise an Freundin Mimi, wobei sie die Geächteten, nach bewährtem Rezept, erst gar nicht erwähnte, «und wir werden uns in Neapel von ihr trennen, da sie wieder durch ihre in das Sagenhafte gehende und beständig realistisch mißbrauchte Güte einen Haufen Verpflichtungen auf sich gelegt hat, in denen sie wie in einem Netz steckt». Der Vorwurf der Ausbeutung zielte ebenso auf das «Judentum» wie der in diesem Zusammenhang ungewohnte Begriff «realistisch» auf den «Israeliten» Rée, dessen Philosophie in Wagner-Kreisen als «réealistisch» verspottet wurde. Die Unterstellung erweist sich bei näherer Betrachtung als böswillig. Nietzsche bezahlte für seine Unterkunft, und auch Rée, von diesem mitgebracht, wird schwerlich Unterstützung beansprucht haben. Mit Malwida traf man sich zu Spaziergängen, gemeinsamer Abendlektüre – «viel Voltaire» – und beschränkte die Ausbeutung auf Malwidas Dienerin Trina, die den Herren Tee und Kaffee brachte. Als der mütterlichen Freundin durch ihre mit den Wagners befreundete Ziehtochter Olga das Gerücht zugetragen wurde, «die Knäblein profitieren von mir», bestritt sie es energisch: «Nein, es ist nicht wahr.»

Rund ein halbes Jahrhundert später hat Wagner-Sohn Siegfried Licht auf die Umstände der Abreise – und die damals beginnende Kampagne gegen Nietzsche und Rée – geworfen. Das «Zusammentreffen Malwidas und Nietzsches mit meinen Eltern in Sorrent war, soweit das ein Kind von sieben Jahren beurteilen kann, nicht ganz geglückt. Und daran war wohl Nietzsche schuld. Mein Vater schien verstimmt zu sein, wozu vielleicht die Anwesenheit von zwei ihm unsympathischen Freunden des Philosophen die Veranlassung war.» Da der 19jährige Student, der bald darauf starb, bei dem Meister kaum ins Gewicht gefallen sein dürfte, kann sich dessen Verstimmung nur auf Rée bezogen haben.

Und auf Nietzsche selbst, den Cosima ein Jahr lang in ihrem Tagebuch totschweigt, während sie bei Malwida und anderen Korrespondenzpartnern der strengen Observanz kräftig gegen ihn Stimmung macht: Alles, «was er denkt und spricht», so Cosima an die Freundin, sei «wirklich nicht viel wert»; «sehr froh» stimme sie, «daß Du auf die neuen Vorschläge Nietzsches nicht eingehst», was bei ihr nur bedeuten kann, daß Malwida «nicht wiederum alles für alle» tut. Und obwohl sie auf einen Brief Malwidas, in dem diese Paul Rée gegen die Wagner-Angriffe in Schutz genommen hatte, scheinbar einsichtig antwortete, vertraute sie gleichzeitig Freundin Mimi an: «Malwida leugnet durchaus den bösen Einfluß von Dr. Rée, welchen sie sehr gern hat. Aber ihr großes Herz ist Täuschungen offen und ich glaube, daß ich recht sehe. Auch bittet sie mich, Nietzsche nicht aufzugeben», was allerdings vergeblich sein muß, da Cosima längst «weiß, daß hier das Böse gesiegt hat». An Elisabeth Nietzsche schrieb sie im Ton einer Bannbulle, ihr Bruder habe sich «in ein wohl eingerichtetes gegnerisches Lager begeben», und fügte höhnisch hinzu, sie wünsche, daß «der Verrat dem Autor gute Früchte bringen möge». Rom hatte gesprochen, die Sache war erledigt.

Doch nicht der Krieg. Fast zwanzig Jahre später berichtete sie dem antisemitischen Fürsten Ernst zu Hohenlohe-Langenburg, Nietzsche sei «bereits im Jahre 1876, als wir ihn in Sorrent trafen, für krank und mit sich zerfallen» erkannt worden und er habe die dunklen Ahnungen durch seine späteren Schriften bestätigt: «Die populäre Vorstellung des Teufels beruht gewiß auf einer wahren Anschauung ...» Cosima, die gegenüber Eingeweihten gern in rätselhaften Andeutungen sprach, wollte offenbar auf einen Faustischen Teufelspakt anspielen, den Nietzsche, verführt vom Mephistopheles Rée, mit seinem Blut besiegelt habe, um dafür, am Ende seines satanischen Aufbäumens gegen Wagner, in die Hölle des Wahnsinns zu fahren. Das Marionettenszenario entsprach Wagners Angstvision vom Bösen. «Der wahre Abgrund der Hölle», schrieb dieser, liege im «Übergewicht des Judentums», dessen Wesen «der plastische Dämon des Verfalls der Menschheit» sei, die inkarnierte Negativität, Nibelheims nächtiges Heer, das nach der Weltherrschaft greift. Nur der arische Held, das inkarnierte Gute, könne die Welt von dieser tödlichen Bedrohung erlösen. «Uns Deutschen könnte», so prophezeite der Bayreuther Meister, «diese große Lösung eher als jeder anderen Nation ermöglicht sein.»

Die Lösung des Nietzsche-Problems hatte er selbst in die Hand genommen: Sein einstiger Parteigänger wurde fortan als Verräter behandelt, der zur Gegenseite übergewechselt war. Das neue Nietzsche-Buch «Menschliches, Allzumenschliches», das der Autor Voltaire gewidmet und mit dem

«Flitterwochen unserer Freundschaft»: Paul Rée, fünf Jahre jünger als Nietzsche, schloß sich diesem vorübergehend als Lebensgefährte an. Schon bei der ersten Begegnung mit den Wagners kam es zur Verstimmung: «Bei näherer Betrachtung finden wir heraus», so Cosima, «daß er Israelit sein muß.»

provokativen Untertitel «Ein Buch für freie Geister» versehen hatte, wurde, so Nietzsche, «von Bayreuth aus» in «eine Art von Bann getan» und «die große Exkommunikation über seinen Autor zugleich verhängt». Auch versuche man, wie er seinem dienstbaren Verehrer Köselitz mitteilte, die alten Freunde von ihm abspenstig zu machen; er höre «von Manchem, was hinter meinem Rücken geschieht und geplant wird». Tatsächlich benähmen sich seine «Bekannten und Freunde», wie er Paul Rée schrieb, «als ob ich ihnen den Milchtopf umgestoßen hätte». Beklagte sich Erwin Rohde vorsichtig, daß aus «Nietzsche plötzlich Rée» geworden sei, so wollte Bayreuth-Gänger Paul Heinrich Widemann bemerkt haben, daß sich «zu Beginn von Nietzsches Verkehr mit jenem Rée, der ein Gegner der Bayreuther Sache gewesen sei, der Schatten auf das Verhältnis des Philosophen zu Wagner» gelegt und «die Trübung begünstigt» habe.

Der Bayreuther nahm kein Blatt vor den Mund, wenn er mit gemeinsamen Bekannten sprach. Der Verleger Ernst Schmeitzner berichtete Nietzsche-Adlatus Köselitz über die Bigotterie der Wagners – «Ach stinken die alle nach Kirchenluft!» – und ihren gleichzeitigen Versuch, «Nietzsche vermeintlich tot zu schweigen» oder, wahlweise, totzureden. Wagner «erging sich auch noch in Gemeinheiten über Nietzschen, die ich nie vergessen werde, die aber Nietzsche und seine Freunde nie von mir erfahren sollten». Da Schmeitzner im Vormonat «mit Nietzsche und Rée in Leipzig zusammengetroffen» war, dürfte er mit den «Freunden» vor allem letzteren gemeint haben. Von Nietzsches «Liebe und Wärme» sei er dabei «ganz betroffen» gewesen. In scharfem Kontrast dazu erlebte der Verleger seinen Kunden Wagner, der ihm bei demselben Gespräch, in dem auch Rée vorgekommen sein dürfte, über die Juden sagte: «Es gibt Wanzen, es gibt Läuse. Gut, sie sind da! Aber die brennt man aus! Die Leute, die das nicht tun, sind Schweine!» Die Wagnerianer, so fügte Schmeitzner hinzu, «merken sich natürlich solche Sentenzen, schreiben sie vielleicht gar auf und treiben Wagnerkultus damit».

Die Attacke gegen den Juden Rée und seinen Genossen Nietzsche machte Schule in Bayreuth. Noch 1924 wurde in den «Bayreuther Blättern» Nietzsches «Trennung von Wagner» rassisch begründet: «Zur Erklärung seiner Verstimmung müssen wir jedenfalls das Jüdische heranziehen, das sich seiner bemächtigte. Den Personen, unter deren Bann er geriet, ist es leicht gefallen, auch Wagners Deutschtum zu verdächtigen.» Zehn Jahre später schrieb der heute noch vielgelesene Wagner-Biograph Curt von Westernhagen über die «Unmöglichkeit des Verständnisses» zwischen Wagner und Nietzsche, da beide «das Blut trennte, das tiefer ist, denn das tiefste Wasser», und das Nietzsche in dem «Waffengang zwischen Judentum und Deutschtum» in die «Reihen des Judentums» trieb, von wo er, durch seinen Angriff auf Wagner, neben diesem auch «die Vorkämpfer gegen das Judentum geistig und menschlich diskreditiert» habe. Die häufige Verwendung des einst von Cosima tabuisierten Begriffs signalisierte, daß konspirative Zurückhaltung nicht mehr vonnöten war.

Ein kleiner Trost sollte Nietzsche nach Erscheinen seiner vom Wagner-Lager heftig befehdeten Schrift «Menschliches, Allzumenschliches» bleiben. Der Nietzsche-Brief vom Mai 1878, in dem er seine Bayreuther Exkommunikation erwähnt, berichtet auch von einer unerwarteten Ehrung, die ihm an Voltaires Geburtstag zuteil wurde: «Eine anonyme Sendung aus Paris» sei ihm in seine Basler Wohnung gebracht worden, die sich, nach dem Auspacken, als «die Büste Voltaires» entpuppte, «mit einer Karte, auf der sich nur die Worte befanden ‹l'âme de Voltaire fait ses compliments à Frédéric Nietzsche›». Wie der so unverhofft Geehrte waren auch seine Biographen gerührt über die Liebesgabe des unbekannt gebliebenen «feinfühligen Spenders», so Nietzsche-Forscher Janz. Ein 1994 erschienener Ausstellungskatalog über «Nietzsche und die Schweiz» adelte die Postsendung gar zum «Höhepunkt der Rezeption» des Nietzsche-Buches, den bis heute ehrfürchtig aufbewahrten Beizettel zur «ergreifenden Widmung». Werner Ross kam hierzu der Einfall, dieser «einzige, merkwürdige Trost» könnte von Nietzsches Bayreuth-Bekanntschaft Louise Ott dargebracht worden sein.

Mit Bayreuth lag er möglicherweise nicht so falsch. Doch dürfte die wundersame Expedierung des Kirchenfeindes nicht jener fromm-keuschen Louise zuzuordnen sein, die Nietzsche gestand: «ich finde meine Bibel schön, rein und groß», sondern dem alten Spötter Wagner, der mit einer Gipshommage den «humorlosen» Nietzsche ein weiteres Mal zum Narren hielt. Wagner verachtete Voltaire, dem er sein «Antichristentum» vorwarf, wie Cosima ihn später als «Dämon der Perversität» bezeichnen sollte. Zudem prangerte er die «Seichtigkeit» an, die «diesen Geist bewog, Christus zu verwerfen und Jehova zu erhalten» – auch Voltaire also ein Zuarbeiter des Judentums. Just am selben Tag, an dem Nietzsche die mysteriöse Büste erhielt, notierte Cosima diesen Wagner-Satz ins Tagebuch. Der Zusammenhang war nicht zufällig: Seit längerem hatte Wagner seinen Ärger über die Voltaire-Widmung des Nietzsche-Buches mit sich herumgetragen und, in Erinnerung an den Einflüsterer Rée, die Überzeugung ausgedrückt, daß «das Gefühl, welches es eingab, so böser Art ist».

Drei Tage zuvor, am 28. Mai 1878, hatte Cosima festgehalten, «R. wollte sich den Spaß machen, an Pr. Nietzsche zu Voltaire's Geburtstag telegraphisch zu gratulieren», wovon sie jedoch abriet, da sie «hier auch wie nach mancher Seite hin das Schweigen» befürwortete. Wagner hätte deswegen kaum auf den Spaß verzichtet, zumal sich eine solche Gelegenheit, den Gegner zum Besten zu haben, so schnell nicht wieder bieten würde. Was dürfte nähergelegen haben, als seiner Geliebten Judith in Paris zu telegraphieren, sie möge

Büste samt Spottzeile an den Basler Voltairianer abschicken, wozu er ihr nicht einmal seine boshaften Hintergedanken verraten mußte.

Nach dem als «Festschrift» ausgegebenen Nachruf von 1876 war Wagners Wut auf den abtrünnigen Jünger durch das Voltaire-Buch von 1878, in dem er nur «Réekleckse» erkennen konnte, zusätzlich gereizt worden. Nietzsche porträtierte ihn hier als «Genie», dem der «Opferduft» so sehr ins Gehirn dringt, daß er sich «für etwas Übermenschliches zu halten beginnt», seine Jünger «schon durch seinen Umgang zu begnadigen» glaubt und in «wahnsinnige Wut» ausbricht, wenn man wagt, «ihn mit anderen zu vergleichen». Cosima wiederum wird als «freiwilliges Opfertier» dieses Größenwahnsinnigen vorgeführt, das ihm «bereitwillig» als «Blitz-, Sturm- und Regenableiter» dient. Dereinst würde er noch hinzufügen, daß sie «Götzendienst» mit diesem «unsinnig-eitlen und sinnlichen Affen» getrieben habe, und zwar mit allen seinen «untersten und obersten Begehrungen».

Nietzsche mußte wissen, was er sich mit dieser offenen Attacke gegen Cosima, die er in der «Unzeitgemäßen Betrachtung» noch geschont hatte, einhandeln würde: den Haß der Bayreuther Herrin.

«Im Zustand des Hasses», notierte er sich, seine ideale Leserin vor Augen, «sind Frauen gefährlicher als Männer», weil sie in ihrer «einmal erregten feindseligen Empfindung» durch keinerlei Rücksichten gehemmt werden, «sodann weil sie darauf eingeübt sind, wunde Stellen» ausfindig zu machen «und dort hinein zu stechen: wozu ihnen ihr dolchspitzer Verstand treffliche Dienste leistet».

Später sollte Nietzsche die Gefahr, die von Cosima ausging, im Bild des Labyrinths beschwören. Er wußte, daß er sich in etwas «verrannt» hatte und daß ihn jeder Schritt, der ihn in die Freiheit zu tragen schien, nur um so tiefer hineinführte – und geradewegs vor die Hörner des Minotaurus. Er hatte sich zwar, spektakulär und unübersehbar, aus dem

Bann befreit und Bayreuth den Fehdehandschuh hingeworfen; das hieß aber noch nicht, daß er der Gefahr bereits entronnen war. Und wenn er sich – wie sich bald herausstellen würde, zu Recht – bedroht fühlte, konnte er am Ende vielleicht doch auf die Hilfe Ariadnes rechnen, die in ihm den Jüngeren, damit auf die Dauer auch Stärkeren anerkennen mochte? In einem seiner «berühmten Gespräche auf Naxos», die er sich als durchsichtige Parodien auf Unterhaltungen mit Cosima ausgedacht hatte, dozierte der Held über ein Thema, vor dem der fanatischen Metaphysikerin grausen mußte: die Überlegenheit des «Leibes» über den «Geist», der diesen nicht nur als sein blindes «Werkzeug» gebrauche, sondern auch eine überzeugende Erklärung aller Menschheitsrätsel biete. Weder durch die Geheimnisse der Religion noch Schopenhauers «Welt als Wille und Vorstellung» ließen sich die wahren Beweggründe menschlichen Handelns offenlegen, sondern einzig «am Leitfaden des Leibes». Für Cosima-Ariadne mußte dies nach Ketzerei klingen, die Nietzsche nur bei dem Juden Rée oder dem Antichristen Voltaire erlernt haben konnte – womit das Gespräch, wenn Nietzsche es nicht erfunden hat, im Sorrentiner Hotel Vittoria zu lokalisieren wäre.

Der dionysische Philosophiedozent Nietzsche, der seine gefährliche Grenzüberschreitung nicht bemerkt zu haben schien, gab sich «dergestalt schwätzend», ja «zügellos» seinem «Lehrtriebe» hin, vermutlich von Fächerpalmen umstanden, den Blick durch dunkelrote Samtvorhänge auf den rauchenden Vesuv gerichtet, dabei mit immer neuen Argumenten die Körperlichkeit preisend und das Geistlich-Nebulöse herabsetzend – bis der Punkt erreicht war, an dem «Ariadne es nicht mehr aushielt»: «‹aber mein Herr, sprach sie, Sie reden Schweinedeutsch!› – ‹Deutsch, antwortete ich wohlgemut, einfach Deutsch! Lassen Sie das Schwein weg, meine Göttin! Sie unterschätzen die Schwierigkeit, feine Dinge deutsch zu sagen!› – ‹Feine Dinge! schrie Ariadne entsetzt auf: aber das war nur Positivismus! Rüssel-Philosophie! Begriffs-Mischmasch und -Mist aus hundert Philosophien! Wo will das noch hinaus!»"

Erst jetzt scheint ihr Gesprächspartner begriffen zu haben, daß er auf die Hilfe dieser Ariadne nicht mehr rechnen konnte. Sie war seine Feindin geworden. Ihr Faden, der vielleicht sogar – zu anderer Zeit, bei günstigerer Gelegenheit – der Leitfaden ihres Leibes hätte sein können, stand ihm nicht mehr zur Verfügung. Denn während sie ihre rhetorische Breitseite gegen ihn abfeuerte, bemerkte er, daß sie «ungeduldig mit dem berühmten Faden» spielte, «der einstmals ihren Theseus durch das Labyrinth leitete» – sie spielte damit, weil sie ihn, zumindest für ihren philosophischen Gesprächspartner, nicht mehr zu verwenden gedachte. Ein Hinweis für den Helden, daß der Faden zwischen ihnen abgerissen war.

In seinem Buch «Jenseits von Gut und Böse», in dem er die Weltdeutung «am Leitfaden des Leibes» weiterführte, hat Nietzsche sich Rechenschaft über sein Leben im Labyrinth abgelegt, nachdem er den Faden verloren hatte und «in das Nichts zu gehen» glaubte. «Es ist die Sache der Wenigsten», schrieb er, «unabhängig zu sein: – es ist ein Vorrecht der Starken. Und wer es versucht», der «beweist damit, daß er wahrscheinlich nicht nur stark, sondern bis zur Ausgelassenheit verwegen ist. Er begibt sich in ein Labyrinth, er vertausendfältigt die Gefahren», von denen «nicht die kleinste ist, daß keiner mit Augen sieht, wie und wo er sich verirrt, vereinsamt und stückweise von irgend einem Höhlen-Minotaurus des Gewissens zerrissen wird.»

Eine tödliche Beleidigung

Wer sich in Wagners Labyrinth begab, lief immer Gefahr, darin umzukommen – nicht notwendigerweise physisch, aber doch was Selbstwertgefühl, Integrität, Ruf anging. Kaum einer, der aus dem Zauberreich des Operngottes heil herausgefunden hätte. Beachtete Wagner, wie ihm sein Bruder Albert vorwarf, Menschen meist nur so lange, «als sie Dir Nutzen bringen», so «existierte der Mensch für Dich auch nicht mehr», sobald der «Nutzen aufhörte». Doch auch nachträglich mußten viele dieser überflüssig gewordenen Helfer Wagners Geringschätzung oder Rachsucht erdulden – wie Hans von Bülow, dem er empfahl, sich selbst aus dem Weg zu räumen, oder Peter Cornelius, der sich für ihn schlicht «überlebt» hatte, oder Karl Ritter und Karl Tausig, von denen er kaltherzig behauptete, «der Artikel über das Judentum» habe beide «vernichtet», oder Hermann Levi, dem er nahelegte, «er – als Jude – habe nur zu lernen zu sterben».

Auch Nietzsche, der Griechenheld, dem Ariadne-Cosima wohl in den Irrgarten hinein-, nicht jedoch wieder hinausgeholfen hatte, wurde schwer, ja «tödlich» von diesem Minotaurus getroffen, in seinem Selbstwertgefühl, seiner Integrität, seinem Ruf. Das Leiden an der Wunde ließ ihn an Selbstmord denken. Denn das Gift, das in ihn eingedrungen war, gehörte zu den schleichenden Übeln, gegen die es kein Heilmittel gab als den Tod – den eigenen oder den des Verursachers. Wie Bülow, dem Wagner die Frau weggenommen hatte, an ein Duell mit dem Treubrüchigen dachte, so erwog auch Nietzsche, Wagner zu fordern, um bald, wie vor ihm Bülow, einzusehen, daß dies aus Alters- wie Pietätsgründen unmöglich war. So wartete Nietzsche, der sich nicht selbst in Zugzwang bringen wollte, mit der Aufdeckung seiner schwärenden Wunde bis zu Wagners Tod.

Als Malwida, die ihm die Trauerbotschaft übermittelte, an die Generosität des einstigen Jüngers appellierte, er möge «*versöhnt* an den großen Toten denken», offenbarte er ihr, was zwischen ihm und Wagner stand: «W. hat mich auf eine tödliche Weise beleidigt», und zwar – «ich will es Ihnen doch sagen!» – durch sein «langsames Zurückgehn und -schleichen zum Christentum und zur Kirche», das er als «einen persönlichen Schimpf» empfunden habe. Malwida, die Nietzsche seit langem kannte und seine Abneigung gegen Wagners verschrobene Religiosität teilte, muß sich gewundert haben. Denn bei einer «tödlichen Beleidigung» dachte man an eine persönliche Fehde, die blutig ausgetragen wird – Wagners Abendmahlsgerührtheit dagegen hatten ihr und Nietzsche bis dahin, wie von eingefleischten Atheisten nicht anders zu erwarten, nur spöttische Kommentare entlockt. Schon 1872 hatte Malwida sich gegenüber Nietzsche darüber mokiert, daß Cosima «noch so sehr an dem Formellen und den Symbolen des Christentums hängt». Wie sehr mußte die alte Dame deshalb über seinen Hinweis staunen, daß Wagner, «hätte er noch länger gelebt», von ihm mit «furchtbaren Pfeilen» eingedeckt worden wäre; schließlich habe er «zu der Art Menschen» gehört, «welche man durch Worte töten kann».

Malwida wird sich gefragt haben, woher Nietzsches offensichtlicher Haß auf Wagner stammte. Sicher gab es diese «tödliche Beleidigung», und möglicherweise gehörte auch Nietzsche zu den Menschen, die man «durch Worte töten kann» – doch seine Begründung war fadenscheinig und offenbar auf die Cosima-Freundin zugeschneidert, von der Nietzsche annehmen konnte, daß sie alles nach Wahnfried weitertrug. Vielleicht hing die «tödliche Beleidigung» weniger mit Wagners Zurückschleichen zum Christentum zusammen als mit dem von Nietzsche meistgehaßten Aspekt dieser Religion, der sexuellen Repression. «Das Christentum», schrieb er in «Jenseits von Gut und Böse» gerade in Hinblick auf die griechische Form der Liebe, «gab dem Eros Gift zu trinken – er starb zwar nicht daran, aber entartete, zum Laster.» Wollte Nietzsche mit dem Hinweis auf das Christentum im Malwida-Brief jene Tendenz treffen, die er im «Antichrist» als «Verteufelung der Natur» attackierte? «Jede Verachtung des geschlechtlichen Lebens», schrieb er da, «ist die eigentliche Sünde wider den heiligen Geist des Lebens.»

Daß Wagners «tödliche Beleidigung» tatsächlich nichts mit dessen Altersbekehrung zu tun hatte, geht aus einem Brief an Franz Overbeck hervor, den, als Theologen, Nietzsches religiöse Einwände gegen den Verstorbenen interessiert hätten. Aber davon ist nicht mehr die Rede. Es «gibt etwas zwischen uns beiden wie eine tödliche Beleidigung», schreibt er dem Basler Professor, «und es hätte furchtbar kommen können, wenn er noch länger gelebt haben würde». Also doch ein Duell – denn scharfe Kritik an Wagners Positionen ließ sich auch nach dessen Tod noch üben, und Nietzsche hat es nicht daran fehlen lassen. Ein paar Monate später lüftete er gegenüber Overbecks Frau Ida einen Teil seines Geheimnisses. Ihm seien, schreibt er aus Sils-Maria, «einige Proben einer abgründlichen Perfidie der Rache (seitens jenes jüngst gestorbenen großen Musikers R. W.) zu Ohren gekommen», über die er sich jedoch, wie er in einem Briefentwurf an Overbeck verriet, nicht weiter auslassen wolle: «Der Tod W's aber war vielleicht die schauerlichste Komplikation dieses Winters, aus Umständen, von denen ich nicht reden kann.» Im Brief, den er schließlich abgesandt hat, ist dieser Satz gestrichen. Wagners Heimkehr zur Mutter Kirche dürfte er damit sicher nicht gemeint haben.

Hätte sich der Freund um Aufklärung des mysteriösen Vorgangs bemüht, wäre er in «Menschliches, Allzumenschliches» fündig geworden. Dort tauchte an prominenter Stelle, im letzten Aphorismus von «Der Mensch im Verkehre», eine tödliche Beleidigung auf. Unter der Überschrift «*Von den Freunden*» kann man hier lesen, daß Freunde vor allem «Schweigen» gelernt haben müssen, «denn fast immer beruhen solche menschliche Beziehungen darauf, daß irgend ein paar Dinge nie gesagt werden, ja daß an sie nie gerührt wird». Worauf Nietzsche an seine Leser, unter denen er auch die Wagners weiß, die Frage richtet: «Gibt es Menschen, welche nicht tödlich zu verletzen sind, wenn sie erführen, was ihre vertrautesten Freunde im Grunde von ihnen wissen?»

Irgendwann hat Nietzsche erfahren, was die Wagners im Grunde von ihm wußten und worüber sie nicht mehr schweigen wollten, nachdem die Beziehung zwischen ihnen zerbrochen war. Nietzsche hatte vor ihnen nie ein Hehl daraus gemacht, daß er Erwin Rohde liebte: «Wie schwer ich das Los nehme, von Dir jetzt getrennt zu sein», hatte er ihm 1871 geschrieben, «wissen am stärksten die Tribschener Freunde», denen er auch gestanden hatte, daß sein Wagner-Kult immer auch seinen «treuen Waffengefährten» mit einschloß. Als die Wagners mit dem Jünger 1872 in Straßburg weilten, versicherte dieser dem fernen Erwin, daß von ihm «immer so die Rede» sei, «als ob Du unter uns wärest, und die größte Offenheit war, in Hinsicht auf Dich, unter uns Regel und Notwendigkeit». Die Tribschener hatten das erst hingenommen, dann begonnen, zur Heirat zu drängen und vor abendlichen Männerkontakten zu warnen, um schließlich, wie der offizielle Wagner-Biograph Glasenapp raunte, «mit Bangigkeit und Besorgnis» etwas «Unnatürliches» an ihm festzustellen, dazu «manche fremdartig unassimilierbare Sonderbarkeit». Nach den Festspielen kam Paul Rée dazu, der offensichtlich Jude war und anscheinend auch zur Männerliebe geneigt, und das machte das Maß voll. Wagner reiste samt Familie ab. Er würde sich bei nächster Gelegenheit durch eine, wie Cosima es in anderem Zusammenhang ausdrückte, «in Form von Seitenhieben der Indiskretion geübte Rache» zu revanchieren wissen.

Was Nietzsche gegenüber Malwida und den Overbecks verschwieg, legte er vor Heinrich Köselitz, dem er als seinem Jünger das Pseudonym Peter Gast verliehen hatte, in ungewohnter Freimütigkeit offen. Am 21. April 1883, über zwei Monate nach Wagners Tod, beichtete er dem unkomplizierten Adlatus, was ihn quälte – allerdings nur «unter der Bedingung, daß Sie diesen Brief sogleich *verbrennen*». Nietzsche klagte ihm erst über seine Mutter, die ihn «eine Schande für das Grab meines Vaters» nannte, dann über die Schwester, die wegen seiner «Verworfenheit» am liebsten «in ein Kloster gehen» würde, auch über die einstige «Freundin» Cosima, die «von mir gesprochen als von einem Spione, der sich in das Vertrauen anderer einschleicht», und schließlich über den Verstorbenen: «Wagner ist reich an bösen Einfällen; aber was sagen Sie dazu, daß er Briefe darüber gewechselt hat (sogar mit meinen Ärzten), um seine *Überzeugung* auszudrücken, meine veränderte Denkweise sei die Folge unnatürlicher Ausschweifungen, mit Hindeutungen auf Päderastie» – wobei Nietzsche das Wort hier, wie im 19. Jahrhundert üblich, im Sinn der griechischen Männerliebe gebrauchte.

Auf Köselitz, der seinen Herrn durchaus nicht blind anbetete, mußte das wie eine Ungeheuerlichkeit wirken. Unabhängig vom Wahrheitsgehalt stellte der Vorwurf eine tödliche Beleidigung dar. Denn dem so Denunzierten, wollte er sein Leben nicht im Kerker verbringen, blieb nur der Selbstmord. Oder das Duell. «Tödlich» war in jedem Fall das rechte Wort. Womit auch erklärt wäre, warum Nietzsche seiner Freundin Malwida die harmlose Christentumserklärung auftischte und auch bei den Overbecks nicht über Andeutungen hinausging: Er wollte seine Vertrauten vor der Mitwisserschaft in einem Ehrenhandel bewahren, den die Zukunft immer noch für ihn bringen konnte. Allein der brave Köselitz sollte darüber ins Bild gesetzt werden, bevor er den Brief verbrannte.

Nicht nur dieser Brief blieb erhalten. 1956 veröffentlichte ein Züricher Verlag erstmals den Briefwechsel zwischen Richard Wagner und Nietzsches Arzt Otto Eiser. Als Herausgeber zeichnete jener Curt von Westernhagen, der Nietzsche in die «Reihen des Judentums» aufgenommen hatte, um ihn mit seinem Nazi-Vokabular erledigen zu können. Gemunkelt hatte man schon während der «Parsifal»-Festspiele 1882 über Nietzsches Abartigkeit, und mehrere Wagner-Biographen berichteten von einem verfänglichen Brief an den Nietzsche-Arzt, der sich, «seines intimen Inhalts wegen», der Veröffentlichung «entzogen» hätte.

Auch in Elisabeths Nietzsche-Archiv tauchte das Gerücht auf, es gebe belastendes Material gegen den Schöpfer des «Zarathustra». So erinnerte sich Josef Hofmiller 1931, er habe vom einstigen Herausgeber der Werke, Fritz Kögel, erfahren, «Wagner habe Dr. Eiser in diesem Brief als Ursache von Nietzsches Kopfleiden gewisse sexuelle Zustände angedeutet, was Nietzsche furchtbar empört habe» – woher Nietzsche das erfahren hatte, ließ Hofmiller offen. Daß die Indiskretion in die Öffentlichkeit getragen wurde, gehörte jedenfalls zu den bayreuthüblichen Vorgehensweisen gegen «Feinde». Den Wagner-Brief hatte Cosima nach Eisers Tod von dessen Witwe zurückerhalten – offenbar nicht zu treuen Händen; von Nietzsches «furchtbarer Empörung» dürfte sie bei dieser Gelegenheit oder früher von Malwida erfahren haben, die durch Nietzsches kryptische Formulierungen der Sache auf die Spur gekommen sein könnte. Cosima wiederum habe, so Heinrich Köselitz, den jungen Fritz Kögel 1891 an Elisabeth Förster-Nietzsche empfohlen – nachdem sie ihn vermutlich über die «sexuellen Zustände» des «Edelmenschen» aufgeklärt hatte, wie sie dies auch mit anderen Nietzscheanern versuchen sollte.

Die Stationen des skandalösen Vorgangs, bei dem ein Arzt

die Details seiner Diagnose ohne Wissen des Patienten an Dritte weitergibt und sich anstandslos durch einen salbadernden Laien ins Handwerk pfuschen läßt, wurden von Cosima in ihrem Tagebuch festgehalten. Am 13. Oktober 1877, ein Jahr nach der Sorrentiner Verstimmung, wird in Wahnfried ein von «Freund Nietzsche» übersandtes «hübsches Manuskript eines Dr. Eiser aus Frankfurt» über Wagners «Nibelungen» abgegeben. Aus Nietzsches Begleitbrief, dem ersten seit zehn Monaten, geht nicht hervor, daß es sich bei dem Autor um jenen Arzt handelt, der ihn in der ersten Oktoberwoche gründlich untersucht hatte. Allerdings verrät er das «traurige» Ergebnis der «Untersuchung durch drei ausgezeichnete Ärzte»: «Zwei entzündliche Prozesse» in den Augen seien «die Quelle meiner Leiden», außerdem würde «die Blindheit als unvermeidlich in Aussicht gestellt».

Otto Eiser hatte diese deprimierende Diagnose dem Patienten am 6. Oktober schriftlich mitgeteilt und dazu die Warnung ausgesprochen, «daß alle sogenannten Abhärtungen» – zu denen schon der Schüler Nietzsche angehalten worden war – «oder gar hydrotherapeutischen Experimente» – wie sie damals in Mode waren – «sorgsam zu meiden sind». Obwohl Nietzsche in seiner Mitteilung an Wahnfried hinreichend über seine Krankheit augeklärt hatte, faßte Wagner nach. Seinen Assistenten Hans von Wolzogen, der erst wenige Tage zuvor in Bayreuth an Nietzsches Stelle getreten war, ließ er bei Eiser anfragen, wie es um dessen Gesundheit bestellt sei. Ohne darüber stutzig zu werden, daß die Bayreuther Zuschrift nicht auf sein eigentliches Anliegen, den «Nibelungen»-Aufsatz, einging, antwortete der Arzt umgehend auf die unzulässige Anfrage, indem er bestätigte, was die Wagners bereits von Nietzsche erfahren hatten, und eine Schlußbetrachtung anfügte, mit der er etwaige Bedenken über sein Vorgehen auszuräumen suchte: «Die übermäßige Ausführlichkeit meines Berichts mag durch Wagners Teilnahme für den heldenmütigen Dulder ent-

«Allzu gesprächig»: Nietzsches Arzt Otto Eiser fühlte sich als Wagnerianer verpflichtet, Bayreuth heimlich Auskunft über dessen Gesundheitszustand zu geben – worauf Wagner Nietzsche als Onanisten denunzierte, «mit Hindeutungen auf Päderastie», wie dieser wohl wußte

schuldigt werden – dann auch durch meine eigene Liebe, welche mich den Freunden des Freundes gegenüber leicht allzu gesprächig macht.»

Die Freunde des Freundes gingen bei ihrem Angriff getrennt vor. Am 22. Oktober schrieb Cosima im alten Plauderton an Nietzsche, sie sei ihm für die «Zusendung der Schrift des Dr. Eyser außerordentlich verbunden», habe «dieselbe» auch «mit großem Interesse gelesen» – und verlor kein Wort über Nietzsches Leiden oder die Aktivitäten zwischen Wahnfried und seinem Frankfurter Arzt. Während Cosima ihren Ablenkungsbrief aufsetzte, entwarf Wagner eine eigene Zuschrift an den mitteilungsfreudigen Doktor; nach «übler Nacht» mit «Unterleibsbeschwerden» setzte er sich an den Schreibtisch, um über Nietzsches spezifische Beschwerden zu improvisieren. Sein von Cosima überliefertes Wortspiel, wonach Nietzsche eher «auf den befreundeten Arzt» als auf ihn, den «arztenden Freund», hören würde, kann nur sarkastisch gemeint gewesen sein, da der Kranke, bei seiner verzweifelten Suche nach Heilung, gewiß auch auf Wagners Anregungen «gehört» hätte.

Was Wagner wirklich hatte ausdrücken wollen, vertraute er wenige Tage später Cosima an: Ihn bewegte der Gedanke, daß es Einflüsse «der äußeren Welt» auf gewisse «Naturen» gebe, «welche, gut angelegt, vielleicht nicht genug Kraft haben, um dem zu widerstreben, und welche nun ganz besonders schlecht, pervers werden.» Von einer besonderen Perversion sollte auch in Wagners Brief an Nietzsches Arzt die Rede sein: «Ich trage mich, für die Beurteilung des Zustandes N.s, seit langem mit den Erinnerungen von gleichen und sehr ähnlichen Erfahrungen, welche ich an jungen Männern von großer Geistesbegabung machte.» Durch nähere Beobachtung Nietzsches sei ihm nun an «allen seinen Temperamentszügen und charakteristischen Gewohnheiten» dessen Ähnlichkeit zu den genannten Männern aufgefallen. Diese aber, so Wagner, «sah ich an ähnlichen Symptomen zu

Grunde gehen, und erfuhr nur zu bestimmt, daß Folgen der Onanie vorlagen». Um Nietzsche vor dem schrecklichen Schicksal der anderen Bekannten zu bewahren, empfiehlt Wagner dem Arzt genau das, was Eiser «sorgsam zu meiden» empfahl, nämlich eine Hydrotherapie, und setzt den Arzt über den angeblichen Rat eines Fachkollegen in Kenntnis, der Nietzsche bei seinem Sorrent-Aufenthalt «vor allen Dingen anempfahl, zu – heiraten».

Wagners plumper Eingriff wurde von der Nietzsche- wie der Wagner-Literatur in seltener Einigkeit gepriesen. Der «diskrete Kontakt mit dem Arzt», so Curt Paul Janz, sei Wagner «von seiner tiefen Sorge um die Zukunft Nietzsches eingegeben worden»; der Komponist habe sich, so Martin Gregor-Dellin, als «ein um Nietzsches Gesundheit zunächst ehrlich besorgter Freund» erwiesen. Wobei keiner sich die Frage stellte, was genau Wagner mit jenen «Temperamentszügen und charakteristischen Gewohnheiten» gemeint haben könnte, die ihm so unzweifelhaft den Onanisten verrieten. Aber war es Wagner wirklich um Selbstbefriedigung und deren Anzeichen gegangen und nicht vielmehr um jene Perversion, die junge Männer zu derlei lasterhaften Geschlechtspraktiken verführt, weil sie den Koitus mit Frauen meiden? Warum, so Wagners eigentliche Frage, muß ein gesunder 33jähriger Mann zum Mittel der Onanie greifen, wo er doch heiraten und Kinder zeugen könnte? Warum «onaniert» Nietzsche? Offenbar weil Frauen ihn körperlich nicht reizen, und das, was ihn reizen könnte, unter schwerer Strafe steht. «Päderastie», auf die Wagner «hinzudeuten» wünschte, gehörte zu jenen Verbrechen, auf die anzuspielen – und die Anspielung war ein risikoloser Weg der Verbreitung – für den Betroffenen zur «tödlichen Beleidigung» wurde. Nietzsche wußte, im Gegensatz zu seinen Biographen, daß Wagner sich 1877 keine «Sorgen» mehr um Nietzsches «Zukunft» machte. «Wagner hielt mich», schrieb er, «seit 1876 für seinen eigentlichen und einzigen Gegner.»

Um seiner «Diagnose» Glaubwürdigkeit zu verleihen, berichtete Wagner dem Nietzsche-Arzt über lasterhafte Vorgänger. Der eine, so verriet er dem ihm unbekannten Eiser in erstaunlicher Offenheit, sei ein «vor mehreren Jahren in Leipzig verstorbener Dichter», der «im Alter N.s vollständig erblindete» – unschwer, auch für Eiser, herauszufinden, daß es sich um den Schriftsteller Theodor Apel handelte, der Wagner jahrelang finanziell unterstützt hatte, ihm dann aber, nachdem er 1836 vom Pferd gestürzt und infolge einer dabei erlittenen Gehirnverletzung erblindet war, seine Hilfe entzog. Trotz der Erblindung machte Apel weiterhin «als Lyriker und Dramatiker» von sich reden, schrieb eine Komödie, die Wagner in Zürich besuchte, und zeigte auch sonst nicht die Symptome, die Wagner an ihm gesehen haben wollte. Bei einem späteren Besuch Wagners überraschte Apel ihn «durch seine Heiterkeit und Zufriedenheit mit seinem Zustande, wodurch er mir alle Veranlassung, ihn zu beklagen, ein für allemal abschnitt». Bei der Bestimmung von Apels Todesursache – der Freund war ein Vierteljahrhundert nach ihrer letzten Begegnung verstorben – muß Wagner sich also hauptsächlich auf seine Phantasie verlassen haben.

Das andere Exempel lebte noch. Es handle sich bei ihm, so Wagner, um «einen noch jetzt in Italien, mit jammervoll zerrütteten Nerven dahinsiechenden, ebenfalls ungemein begabten Freund», der «im gleichen Alter in die schmerzhaftesten Augenleiden fiel». Die Rede ist von Karl Ritter, Cosimas Ruderer, der seit den vierziger Jahren zu Wagners dienstbarer Umgebung gehört hatte, zu Zeiten des Briefes, der ihn als Onanie-Opfer bloßstellte, in Venedig wohnte, Theaterstücke und Abhandlungen zur deutschen Literatur veröffentlichte und, wie Wagner später herausfand, sein Leben mit einer Frau teilte. Der angeblich Dahinsiechende starb 1891, also vierzehn Jahre nach Wagners Diffamierung.

Obwohl die Beziehung zwischen Wagner und Ritter 1859 zerbrochen war, taucht sein Name immer wieder in Cosimas

Tagebüchern auf – auch in Verbindung mit Nietzsche, dessen Schicksal in Wagners Labyrinth dem des älteren Ritter in vielem ähnelt. Offenbar war das auch dem Meister aufgefallen, der sie nicht nur in seinem infamen Eiser-Brief, sondern auch in Gesprächen mit Cosima zusammenbrachte: «Ich habe hübsche Freunde gehabt», sagte er einmal geringschätzig, «denkt an K. Ritter, Nietzsche». Bereits zu Anfang von Nietzsches Wagner-Rausch, im Mai 1870, hatte der Tribschener Gott ihn vorsichtig vor dem Schicksal Ritters gewarnt, ohne Namensnennung, aber doch in deutlicher Anspielung, die dem neuen Jünger hätte auffallen müssen. «In Montreux», schreibt Wagner dem «wertesten Freund», «machte ich eigentümliche Erfahrungen an einem jungen, sehr begabten Freunde». Kein Wort mehr, als hätte er Nietzsche damit auffordern wollen, einmal nachzufragen, um ihm dann die Gefahr zu schildern, in die er sich mit seiner Männerwirtschaft brachte.

Dabei war Montreux der falsche Ansatz, mochte Ritter auch sonst den passenden Vergleich liefern. Der einstige Schumann-Schüler hatte, nach Wagners Flucht aus Dresden, seinen Meister kreuz und quer durch die Schweiz begleitet, ihn großzügig mit Geld unterstützt und war dafür von Wagner zu diversen Diensten, auch bei der Drucklegung des heiklen «Judentum»-Artikels, herangezogen worden. Als Ritter den Geldhahn zudrehte, begann das Verhältnis zu leiden. Rachsüchtig schrieb Wagner dem gemeinsamen Bekannten Theodor Uhlig, Ritter sei «ein verrückter Mensch – Homo pervers.», was ihm während einer Hydrotherapie im Kurort Albisbrunn aufgefallen sei.

Ausführlich schildert Wagner in «Mein Leben», wie Ritter ihm damals von seinem geplanten Theaterstück über Alkibiades, den von hübschen Knaben umgebenen Männerschwarm aus Platons «Symposion», erzählt und ihm dann «einen zierlichen Dolch» gezeigt habe, auf dessen Klinge «die Silben ‹Alki› eingebrannt waren. Er erklärte mir, daß sein in

Stuttgart hinterlassener Freund» einen «gleichen Dolch besitze, auf dessen Klinge die Silben ‹Biades› stünden». Wagner, über den alkibiadischen Charakter seines Begleiters entsetzt, wiederholte im Mai 1852, leicht abgewandelt, den Hinweis gegenüber Uhlig. Erst beklagte er, daß Karl die «nötige Kraft» fehle, um «in das Leben» zu springen, und klärte dann über den Grund auf: «allein er ist – O*nanist*! Da hast Du alles, was zu sagen ist!» Wobei er dem Freund nicht einmal verhehlte, daß sein Verrat mit einer Enttäuschung zusammenhing: «Nicht, daß Karl sich von mir loszureißen sucht, bekümmert mich», sondern «daß er es so feig, so hinter meinem Rücken tut, daß er dabei unedel wird, das schmerzt mich.»

Doch Wagner, auf die Zuwendungen der Ritter-Familie angewiesen, gab nicht auf. Er beschloß, den Freund von seinen Perversionen zu heilen, und zwar mit denselben Mitteln, die er zwanzig Jahre später Nietzsche ans Herz legen sollte. An Franz Liszt, vor dem er «die Männerfreundschaft» als «das edelste und herrlichste menschliche Verhältnis» gepriesen hatte, schrieb er über den gemeinsamen Freund, er habe ihm geraten, «augenblicklich zu heiraten, sonst gäbe ich nichts auf seine Liebe!» Ritter gehorchte. Doch das Resultat war alles andere als glücklich. Als der Drahtzieher 1854 nach Montreux eilte, um dem frisch getrauten Paar seine Glückwünsche zu überbringen, lernte er bald genug «die Eigentümlichkeiten der jungen Ehe» kennen: Karl hatte in den Bund mit Emeline nur seinen Namen, nicht aber seine Zuneigung eingebracht.

Die hatte er, für die von Wagner beargwöhnten «Abendstunden», bereits einem anderen geschenkt: dem Musiker und begeisterten Schopenhauerianer Robert von Hornstein, der Wagner erneut in Nöte brachte. In diesem «jungen Tölpel», wie er später in «Mein Leben» schrieb, hatte Karl «eine ähnliche Ergänzung zu seinem alkibiadischen Wesen gefunden» wie im dolchtragenden Schauspieler, und von Heilung

«Ein verrückter Mensch – Homo pervers.»: An seinem Jünger Karl Ritter, der ihn finanziell unterstützte, mißfielen Wagner gewisse Charakterzüge, die er später auch an Nietzsche entdeckte und, wie im Fall Ritter, in denunzierender Absicht weitererzählte

des «Homo pervers.» konnte keine Rede sein. Hatte Karl Ritter, wie Cosima-Biograph George Marek annimmt, «nach zwei homosexuellen Verhältnissen gehofft, daß die Ehe ihn ändern würde», so sollte er die Hoffnung schnell aufgeben – schlimmer noch: das Freundespaar versuchte, Wagner in sein Lager zu ziehen, indem es ihm, wie dieser voll Grausen erinnerte, «eine ‹alkibiadische› Szene gegenüber ‹Sokrates›» aufführte, was, nach Platons «Symposion», nur bedeuten konnte, daß es auf seine Verführung abgesehen war. In seine tagebuchartigen «Annalen» notierte Wagner sich: «Sonderbare Ehe. ‹Alkibiades› (ich: Sokrates).»

Die vom Meister gestiftete Ehe wurde für Ritter zur Qual. 1858 gestand er Cosima, daß sie ein «furchtbarer Fehler» gewesen sei, worauf es zu ihrem gemeinsamen Kahnabenteuer und der Scheidung von Emeline kam, in deren Folge Ritter sich auch von Wagner abzulösen begann. In Cosimas Tagebüchern taucht der Abtrünnige deshalb meist unter negativen Vorzeichen auf, bis zu jenem schrecklichen Eintrag, die Wagner-Schrift über das «Judentum» habe ihn «vernichtet», da er nicht reinen Blutes sei.

Es war nicht das erste Mal, daß Wagner durch perfide Andeutungen andere in ein gefährliches Licht rückte: Den Schriftsteller und Theaterintendanten Karl von Holtei, der sich angeblich um Minna bemüht hatte, bezichtigte er in «Mein Leben», «sich mit hübschen Frauen in das Gerede bringen zu lassen, um hierdurch die Aufmerksamkeit des Publikums von ungleich befleckenderen Verirrungen abzulenken». Als wäre Wagner sich durchaus der Macht seiner Denunziation bewußt gewesen, ergänzte er, «daß die Furcht vor sehr üblen Enthüllungen» Holtei bewogen habe, «seine Stellung in Riga gänzlich zu verlassen», also vor den juristischen Folgen der Verleumdung zu fliehen. Daß es sich bei den «befleckenden Verirrungen» nicht um das «onanistische» Laster, sondern um «homosexuelle Beziehungen» handelte, war schon dem Wagner-Biographen Martin Gregor-Dellin aufgefallen – auch, daß es dabei um «haltlose, infame Beschuldigungen» von seiten Wagners ging.

Unbemerkt geblieben war dagegen Wagners Versuch, den männerliebenden Bayernkönig Ludwig, der ihm seinen aufwendigen Lebensstil ermöglichte, durch diesbezügliche Andeutungen unter Druck zu setzen. Er selbst war, wegen seiner intimen Beziehungen zum König, den Münchnern schnell verdächtig geworden. «Wagner wird hier von seinen Gegnern eines unnennbaren Lasters beschuldigt», schrieb Peter Cornelius an seine Braut, dessen er möglicherweise auch selbst bezichtigt werde, da «man sich nicht scheut, eine viel höhere Freundschaft in den Kot solcher Vermutungen zu ziehen.» Ludwigs Neigung zu Reitknechten und Chevauxlegers wurde in München ebenso als offenes Geheimnis gehandelt wie seine, von Cornelius bestätigte, «Verliebtheit» in den «Künstler», der sich in seiner Prachtvilla mit Samt und Seide umgab. Auch in Ludwigs Fall sollten, wäre es nach Wagner gegangen, Heirat und Kaltwasserkuren helfen – doch die Verlobung mit Sophie löste der König angeekelt auf, während er über die Wunder der Hydrotherapie notierte: «Keine nutzlosen kalten Waschungen mehr»; statt dessen: «Weihwasser».

Ludwigs unbezwinglicher Hang zum reitenden Personal, der regelmäßig in Gewissensmartern und Keuschheitsgelöbnisse umschlug – «keine Küsse mehr!» –, paßte Wagner ins Konzept. Er strebte nach mehr Einfluß auf den König und den bayerischen Staat, was sich nicht nur in umständlichen politischen Memoranden niederschlug, sondern eben auch in Intrigen. Wenige Tage bevor der König den angebeteten Meister aus München entfernte, weil er seinen Thron gefährdet sah, hatte Cosima ihm einen Brief geschrieben, der den gerade zwanzigjährigen Adressaten in Panik versetzen mußte. Unter dem 1. Dezember 1865 berichtete ihm die «Brieftaube», sie und der Meister hätten «von einer unerhörten frechen Verleumdung» erfahren, «die über die heilige Person des Königs im Volke verbreitet wird, die der Freund mir nicht bezeichnen durfte, von der er aber den Quell weiß» – womit Cosima dem Verunsicherten zu verstehen gibt, daß nur einer ihm helfen könne. Doch der, so fährt sie fort, sei selbst in Angst versetzt; «jetzt vermag ich es nicht mehr, den Freund zu beruhigen, er weiß nicht, was er tun soll, er weiß nur, daß er tun *muß*». Während sie Freund Wagner «schluchzend verließ», sei auch der in Tränen ausgebrochen.

Um zu verhindern, daß der König diese Erschütterung des Paares auf Wagners anonymen Artikel in den «Münchener Neuesten Nachrichten» von Ende November zurückführt, in dem er die Minister des Königs attackiert hatte, versichert Cosima, daß das, «was er erfahren, ihn nicht betrifft», sondern «einzig und allein Euere teure Majestät, er darf es mir nicht sagen».

Doch wisse Wagner ganz sicher, «*es ist Gefahr da*», und er wolle «den Elenden» vor Gericht schleppen, doch «könnte er es nicht aussprechen, und Alle sagen ja, daß es gewissen Leuten nicht auf falsche Eide ankömmt...» Offenbar wollte Cosima mit den gewundenen, von ihrem Meister souffierten Andeutungen einzig darauf hinaus, daß ein trüber Prozeß über jenes «Unaussprechliche» zu befürchten war, bei dem die «heilige Person» des Königs selbst zur Verhandlung stehen könnte. Der Versuch, Ludwig unter Druck zu setzen und ihn Wagner als dem einzigen «Getreuen» völlig auszuliefern, mißlang – eine Woche später war er bereits außer Landes.

Wußte Cosima, was Wagner ihr angeblich «nicht bezeichnen durfte»? Wenn ja, dann wäre es nicht nur eine grausame Manipulation, sondern dazu eine dreiste Lüge gewesen. Aber an das Lügen hatte sie sich im Umgang mit der Majestät ohnehin gewöhnen müssen, da es von Anfang an ihre Affäre mit Wagner zu verschleiern und Kinder dem königlichen Klaviervorspieler Hans von Bülow unterzuschieben galt. «Durch den Betrug des Königs», so Gregor-Dellin, hatte Cosima «ihres Lebens Unschuld» verloren.

Eine Verwandtschaft zwischen Märchenkönig Ludwig und dem Leipziger Philologen Nietzsche war dem Tribschener Paar schon früh aufgefallen. «Bei näherer Betrachtung» entdeckten sie Temperamentszüge und charakteristische Gewohnheiten, die ihnen traurige Schlüsse nahelegten, bis zu jener Ähnlichkeit der Augen, die laut Eiser die Quelle von Nietzsches Leiden waren: «Nur der König von Bayern», schrieb Cosima an die Freundin Malwida, «hat solche Augen».

Seit Nietzsche sich der Bayreuther Pflicht entzogen hatte und mit Rée durch die Welt zog, haftete ihm in Cosimas Tagebuch das Etikett «pervers» an. Wagner wird von Nietzsche-Alpträumen heimgesucht, Gespräche kreisen um seine Abartigkeit. Wenige Tage nach ihrem an Elisabeth gerichteten Bannbrief gegen Nietzsche vermerkt Cosima einen Wagner-Monolog über die «Furchtbarkeit einer gewissen Welt», die die Chronistin traditionell nicht «bezeichnen» darf, jedoch so weit charakterisiert, daß «in ihr die Frauen nicht geachtet werden und die grauenhaftesten Dinge besprochen werden». Es ging, wieder einmal, um jene Welt der Perversität, von der sich eine Dame wie Cosima nur entsetzt abwenden konnte. Selbst die «ideale Kunst» des Griechentums, notiert sie weiter, werde durch dies Wissen «zu etwas Gespenstischem, meine ich, und ich sage ihm, daß das Gefühl einer ungekannten, aber geahnten Perversität mich mit Melancholie von je erfüllt habe», ja, «daß, wenn ich von dieser Perversität hätte Kenntnis erhalten müssen, ich, glaubte ich, zum Selbstmord getrieben worden wäre». Der rätselhafte Satz meint das Gegenteil dessen, was er auszudrücken scheint: Nicht sie selbst wäre, wenn Wagner sie über diese Eigenschaft aufgeklärt hätte, zum Selbstmord getrieben worden, sondern jener gewisse Mensch müßte, wäre er nur so tugendhaft wie Cosima, zusammen mit dem durchschauten Laster seinem eigenen Leben ein Ende bereiten. Wagner sah es genauso: Wie der Jude Levi oder der im Weg stehende Bülow hätte auch der kranke Nietzsche lernen müssen zu sterben. Denn Erlösung, das lehrte Wagner seit dem «Judentum in der Musik», «Erlösung von dem auf euch lastenden Fluche», bestehe er nun im verkehrten Blut oder in verkehrter Geschlechtlichkeit, bietet nur – «der Untergang!»

Dieser Gedanke war auch in Nietzsche aufgestiegen, nachdem er von Wagners «tödlicher Beleidigung» erfahren hatte. Sein Arzt Otto Eiser, vom Bayreuther Meister gedrängt, den Patienten mit diesem Vorwurf zu konfrontieren, hatte die erste Gelegenheit eines Vieraugengespräches benutzt, um den heimlichen Briefwechsel vor ihm offenzulegen. Daß er Nietzsche durchaus nicht so wohlgesinnt war, wie er in seinen Briefen beteuerte, läßt sich aus seinem Urteil über «Menschliches, Allzumenschliches» schließen, das er Cosima gegenüber einen «Anfang von Gehirnzerrüttung» nannte. Eiser, der als Gründer des Frankfurter Wagner-Vereins eindeutig Partei war, klärte Nietzsche vermutlich am 4. April 1878 über Wagners Ferndiagnose auf. «Warum Nietzsche von Wagner abfiel», prahlte der Arzt gegenüber Freunden, «ich weiß es allein, denn in meinem Hause, in meiner Stube hat sich dieser Abfall vollzogen, als ich Nietzsche jenen Brief in wohlmeinendster Absicht mitteilte. Ein Ausbruch von Raserei war die Folge. Nietzsche war außer sich: Die Worte sind nicht wiederzugeben, die er für Wagner fand.»

Nach dem vom eigenen Arzt in angeblich «wohlmeinendster Absicht» ausgelösten Nervenzusammenbruch schwieg der Gedemütigte, weil er schweigen mußte. Denn wer sich verteidigt, so die tückische Logik der Denunziation, hat sich bereits verstrickt. Und wem es an Argumenten fehlt, sich zu verteidigen, der hat schon verloren – sein Selbstgefühl, seinen Ruf, vielleicht auch seine Freiheit. Nietzsche behalf sich, wie immer, durch Schreiben. In ein Heft, das er nach Xenophons «Memorabilia» betitelte, trug er alles ein, was ihn seit dem Frankfurter Vorfall bedrängte. Wagner taucht immer wieder darin auf, das Tribschener Siegfried-Zitat, «Verwundet hat mich, der mich erweckt», das plötzlich einen neuen Sinn bekommen hatte, und der Vorwurf an Wagner, dieser habe «unter dem scheinheiligen Namen des Mitleidens die niederträchtigsten Verleumdungen hinter dem Rücken» ausgesprengt. Das Opfer spielte auch mit dem Gedanken an Selbstmord. In einer Grotte der Insel Capri, die er nach der Abreise der Wagners aus Sorrent mit Malwida besucht hatte, wollte er «das Erscheinen des ersten Sonnenstrahls» abwarten, «ihn endlich sehen und – ihn verhöhnen und sich auslöschen».

Nachdem Nietzsche im Februar 1883 von Wagners Tod in Venedig erfahren hat, fragt er eilig bei seinem dort weilenden Adlatus Köselitz an: «*Woran* starb Wagner?» Könnte er erfahren haben, daß der herzkranke Meister in seinen letzten Tagen immer wieder an ihn gedacht, sich sogar in übler Laune mit seinem neuesten Buch «Die fröhliche Wissenschaft» beschäftigt hatte, um, wie Cosima in höflicher Umschreibung eines Wutausbruchs notierte, «seinen ganzen Widerwillen dagegen kund zu geben»? Der offizielle Cosima-Biograph DuMoulin Eckart behauptete sogar, es sei «das Buch von Nietzsche ‹Die fröhliche Wissenschaft›» gewesen, das «eine der letzten bösen Erregungen im Meister erweckt» habe. Tatsächlich war der abgefallene Jünger ihm nicht mehr aus dem Kopf gegangen. Der «ganze Mensch», so schimpfte er, «sei ihm widerwärtig», ein «Geck» voller «Erbärmlichkeit»; dann stieg in ihm wieder der Ärger über die «absurden Festspiele» auf und darüber, daß «ich mein schönes Haus mit solch einem Sau-Klima gebaut habe»; unvermeidlich auch der Haß auf die «Juden», die er als «furchtbaren Fluch» bezeichnete, bis ein heftiger Zwist mit Cosima über eine neue Geliebte seinem Leben ein Ende bereitete. Vieles kam zusammen, was bei Wagner die tödliche Herzattacke auslöste, und Nietzsche konnte von sich sagen, er war dabeigewesen.

Rückkehr in die Unterwelt

Der Tod Wagners am 13. Februar 1883 wurde zur Geburtsstunde zweier religionsähnlicher Kulte, deren höchstes Ziel, die Erlösung der Welt vom Bösen und Minderwertigen, bald zum nationalen Allgemeingut werden sollte. In der «heiligen Stunde», in der «Richard Wagner in Venedig starb», vollendete Nietzsche den ersten Teil seines Evangeliums «Also sprach Zarathustra», mit dem er «der Menschheit das größte Geschenk» überreichte, «das ihr bisher gemacht worden ist». Es bestand aus einem neuen, vom Propheten Zarathustra verkündeten Heldenidol, das sich mit biblisch klingendem Wortschatz und spartanischer Zucht eine Welt untertan macht, die angeblich ewig wiederkehrt. Nach Vernichtung der dunklen Mächte von Moral, Humanismus und «niedergehendem Leben» wird die Morgenröte eines neuen Zeitalters anbrechen und die Schönheit des Übermenschen erstrahlen: ein nacktes Wesen aus Fleisch und Blut, in dem Nietzsche die Inkarnation des Dionysos erkannt hat. Dionysos, Herr der ewigen Wiederkehr des Gleichen, war den Griechen auch als zweigeschlechtlicher Gott bekannt, der «unter Weibern Mann und unter Männern Weib» sein konnte, der seine Masken wechselte zwischen Ernst und Komödie, Drama und Satyrspiel. Sein Verkünder Nietzsche wird dank der Krankheit, die ihn lebenslang mit Kopfschmerzen und entzündeten Augen gemartert hat, am Ende seines auf freiem Fuß verbrachten Erdenlebens mit dem Gott seines Kultes verschmelzen und sich in dionysische Glorie erhoben fühlen, bevor er den Gang in den Einzelzellenhorror der Irrenhäuser, dann, prophetenhaft gewandet, ins Allerheiligste seines eigenen Museums antreten wird. Zurück bleiben die Jünger, die schon nach wenigen Jahren das Wunder seiner Auferstehung feiern können, nicht im Fleische, doch in Gedanken, Worten und Werken, bis Adolf Hitler dereinst das Nietzsche-Archiv zum «Zentrum der Verbreitung der nationalsozialistischen Ideologie» ernennen wird.

Auch Cosima bewährte sich als Glaubensstifterin. Statt, wie versprochen, ihrem Meister in den Tod zu folgen, zog sie es vor, ihn auf Erden zum Mittelpunkt eines Elitekults zu erheben, dem sie selbst als Hohepriesterin und Richterin über alle Belange der Kunst und der rassischen Reinheit vorstand. Gehüllt in einen «schwarzen Schleier, der, Haare und Stirn verbergend, bis über ihre Füße herabfiel», beherrschte sie ihren Orden, von dessen Mitgliedern sie, wie einst Wagner von seinen «Freunden», Unterwerfung verlangte. Im Witwengewand erlebte sie 1896 der französische Schriftsteller Romain Rolland, dem gewisse Schwächen der Gralshüterin ins Auge fielen. «Unglücklicherweise ist sie nicht natürlich», schrieb der Wagner-Verehrer und Malwida-Freund nach einem Wahnfried-Besuch, sondern «oberflächlich, brillierend, beschäftigt sie sich angelegentlich mit Ernsthaftem, mit Nachdenken.» Ihr zur Seite erlebte Rolland einen ausgezeichnet Deutsch sprechenden Engländer, Houston Stewart Chamberlain, der Cosimas Gunst gewann, als er sich ihr nicht als Wagnerianer, sondern bewußt als «Bayreuthianer» zu erkennen gab, und dank dieser Qualifikation zum Chefpropagandisten des Wahnfried-Kreises aufstieg.

Wollte Nietzsche die Welt vom Ekel der «Vielzuvielen» und ihrer «Sklavenmoral» erlösen, so schwor Cosima ihre Gralsritterschaft auf die Befreiung Deutschlands von der jüdischen Bedrohung ein, der rassisch-kulturellen Verflachung, der demokratischen Gleichmacherei. Ihr Heilmittel gegen diesen Untergang des Abendlandes hieß «Parsifal», das Bühnenweihfestspiel um Wagners gereinigtes Abendmahl und, wie Hartmut Zelinsky nachwies, die Vernichtung jenes «plastischen Verfalls-Dämons», genannt «Judentum». Nicht Wagners Lebenswerk, der «Nibelungen»-Ring, und nicht Nietzsches Lieblingsdrama «Tristan», sondern die mystische Oper um blutende Wunden, die nur vom heiligen Speer geheilt werden können, wurde von Cosima zu «unserem Hauptwerk» ernannt, die Gralsburg «Monsalvat» im Familienkreis mit dem Festspielhaus gleichgesetzt. Wagners Erlösungsbotschaft, formuliert in seinen nach dem «Bruch» mit Nietzsche entstandenen «Regenerationsschriften», galt zuerst dem Kreis der «Eingeweihten», vom dem sie dann, in deutenden Büchern, Artikeln, Vorträgen, an die «Gemeinde» weitergegeben wurde. Und «wenn wir», so Cosima, «an die Existenz einer Gemeinde glauben, so ist es natürlich, sich an dieselbe öfters zu wenden», auch wenn die «Sprache nur den Eingeweihten gilt».

Wie Nietzsche mit seinem Dionysos war auch Cosima irgendwann mit ihrem Theatergott eins geworden: Sie vermied, seinen Namen auszusprechen, «reinigte» seine Biographie durch Fälschung oder Vernichtung von Korrespondenzen, intern «Autodafés» genannt, reduzierte seine Lehre auf jene antisemitisch-blutgläubigen «Regenerationsschriften», in denen für seine griechischen Heldenvisionen und das Züricher rein Menschliche kein Platz mehr war. Cosima verschmolz mit Wagner wie ein Prophet mit seinem Gott. «Gehet hin in alle Welt und lehret alle Völker», so ließ sie sich 1898 «aus dem Kreise der Bayreuther Seelen» vernehmen, um zur Wagnerschen Weltmission aufzurufen, jener «Weltbeglückung», von «welcher wir wissen, ihr gebühre der Rang noch vor der Welteroberung». Um mit theatralischem, an Zarathustra erinnerndem Gestus die Welt «beglücken» zu können, mußte Cosima ihr Bayreuther Unternehmen mit einer dogmatischen Strenge regieren, wie sie ihr einst von der Gouvernante der Fürstin Wittgenstein vorexerziert worden war.

Der in Ungnade gefallene Dirigent Felix Weingartner, der sich mit Cosima auch über ihren Antisemitismus zerstritten hatte, zählte einmal die «vier Gebote» auf, die «in Wahnfried unumstößlich galten»: «Was vom Haus Wahnfried kommt, hat dir als unfehlbar zu gelten»; «wenn du auch gelegentlich anderer Meinung sein solltest, so darfst du diese Meinung doch nie aussprechen»; «Siegfried Wagner ist ein großer Dirigent»; «wer nicht nach obigen Geboten handelt, ist unnachsichtig zu verfolgen, herunterzureißen, totzuschweigen und darfst du keine Gemeinschaft mit ihm haben» – ein Bann, der auch Nietzsche getroffen hatte.

Es war nur eine Frage der Zeit, bis die Kulte aneinandergerieten. So ähnlich ihre Botschaft von der Überlegenheit der Kunst über das Leben und vom apokalyptischen Kampf zwischen Über- und Untermenschen klang, so feindselig trat man sich in der Öffentlichkeit entgegen – schließlich buhlte man um dieselbe Elite aus Aristokratie und Geldadel, aus Politik und Geistesleben. Für Nietzsche, der auf die Magnetwirkung der Bayreuther Festspiele neidisch war, da er ihnen nichts anderes entgegenzustellen hatte als die Hoffnung auf zukünftige «Zarathustra»-Feiern entzückter Menschenmassen, bildete Cosimas Gott den Buhmann. Seit dem «Bruch» in Sorrent war Wagner für ihn zum Musterbeispiel jener Dekadenz geworden, gegen die er mit seiner Übermenschen-Prophetie ankämpfte. Man hatte sich, so Nietzsches Legende, einmal geliebt und in Tribschen wolkenlose Tage des Vertrauens und der Heiterkeit verbracht; doch dann war der Alte morsch und mürbe vor dem Kreuz niedergesunken, diesem Symbol der Diesseitsverachtung und Lebensmüdigkeit, so daß der Jüngere, der nicht länger Jünger sein wollte, triumphierend über ihn hinwegschreiten konnte, hinauf in die blühende Welt seiner apollinischen Visionen. Saß der Alte herzkrank und womöglich unter Cosimas Pantoffel im kalten Wahnfried, so vagabundierte sein «fröhlicher» Widerpart durchs südliche Europa und feierte auf seinen endlich gefundenen «glückseligen Inseln» jene dionysischen Feste, bei denen, wie Zarathustra lockte, die «Götter sich tanzend aller Kleider schämen».

Auch Rache mußte sein. Gegen den heimtückischen Rufmörder führte Nietzsche, indem er «den Spieß umdrehte», am liebsten zwei Argumente ins Feld: Eigentlich, so deutete er an, war Wagner ein Jude, da ihn, wie er dessen Autobiographie entnommen zu haben glaubte, sein Stiefvater Geyer gezeugt habe; und ein Geyer, schrieb er im «Fall Wagner» voll Wagnerscher Gehässigkeit, «ist beinahe schon ein Adler», wie ein häufiger jüdischer Nachname lautet. Zu Wagners Schrift «Was ist deutsch?» fiel Nietzsche die originelle Frage ein: «War Wagner überhaupt ein Deutscher?», die er sich selbst beantwortete, indem er ihn zum «Semiten» stempelte: «Jetzt verstehen wir seine Abneigung gegen die Juden.» Seiner Verehrerin Resa von Schirnhofer, die sich in den achtziger Jahren von seiner Heiratsunlust überzeugen konnte, verriet er, daß Wagner «jüdisches Blut habe. Obwohl Nietzsche sonst nie zu mir abfällig über Juden gesprochen hatte», berichtete sie, «tat er es doch in diesem Fall wenigstens mit der Nuance des Herabsetzenden.»

Nietzsches anderes Argument, mit dem er dem «Lügner» Wagner und seinem Bayreuther Keuschheitskult zu schaden hoffte, bildete die Retourkutsche für dessen «tödliche Beleidigung»: Wagner sei in Wahrheit gar kein Mann, sondern «weiblichen Geschlechts» gewesen, nicht im Sinne einer altersbedingten Schwäche, sondern einer Perversion, die sein ganzes Leben durchsetzte. Wagner, das wollte der späte Nietzsche in die Öffentlichkeit posaunen, war pervers und lebte «im Banne jener unglaubwürdig krankhaften Sexualität, die der Fluch seines Lebens» war. «Also Sie haben nichts von dem Ekel begriffen», schrieb er an Malwida, «mit dem ich ... vor 10 Jahren Wagnern den Rücken kehrte», und ebensowenig, daß er seitdem «den tiefsten Haß gegen die ekelhafte Sexualität der Wagnerischen Musik angepflanzt habe». Denn diese, so der Jünger seines unbekannten Gottes mit heuchlerischem Unterton, versetze den Hörer in «physiologische Notstände», die an jene der Geschlechtserregung erinnerten: «unregelmäßiges Atmen, Störung des Blutumlaufs, extreme Irritabilität mit plötzlichem Coma» – ein musikalischer Orgasmus, vor dem der Prediger sexueller Freizügigkeit drei Kreuze zu schlagen schien. Dabei ärgerte ihn besonders, daß Wagner, dieses «Monstrum» an «Zweideutigkeit», seinen letzten und möglicherweise größten Erfolg durch eine Keuschheitsoper erzielt hatte, jenen «Parsifal», mit dem ihm, unbemerkt von der christlich verzückten Gemeinde, ein «Geniestreich der Verführung» gelungen sei.

Aus Nietzsches Worten sprach neben Rachsucht und Neid auch scharfe Beobachtung: Der in Cosimas Bayreuth wie ein Hochamt zelebrierte «Parsifal», in dem Nietzsche «Weihrauch-Wolken» und «Kirchen-Huren-Duft» witterte, wirkte auch auf nüchterne Zuschauer wie ein schwüles Gründerzeitspektakel im neugotischen Stil. Mit seinen sublimen Sphärentönen und Engelschorälen, zu denen der elektrisch erglühende Gralspokal und die ausgestopften Vogelrequisiten einen grotesken Kontrast bildeten, erfüllte es die Kunstbedürfnisse von Menschen, «die längst unfähig geworden sind, Schwelgerei und künstlerisches Genießen zu unterscheiden». Dies war 1889, im Jahr von Nietzsches Zusammenbruch, der Bayreuth-Besucherin Elisabeth von Herzogenberg aufgefallen, der das «Parsifal»-Publikum «in einem unnatürlich gesteigerten, hysterisch verzückten Zustande» erschien, das Festspielhaus wie «eine Kirche» voll «Blutrünstigkeit und Weihrauchmuffelei», das «Bühnenfestspiel» als kultisches Ereignis, dessen «schwüle Sinnlichkeit mit heilig ernsthaften Gebärden» einem «den Atem» benimmt, oder, in Nietzsches Ketzerworten, die Gläubigen in «physiologische Notstände» versetzt.

Die Schuld an diesem kollektiven «Niedersinken vor dem Kreuz», trägt, das weiß Nietzsche sicher, allein Cosima. Sie sei zwar «das einzige Weib größeren Stils, das ich kennengelernt habe; aber ich rechne es ihr an, daß sie Wagnern *verdorben*» und «*Götzendienst*» mit ihm getrieben hat. Deshalb gerät ihm in sein Kondolenzschreiben zu Wagners Tod eine kleine Bosheit. Statt Cosima, wie im abgesandten Trauerbrief formuliert, zuzugestehen, daß sie «Einem Ziele gelebt und ihm jedes Opfer gebracht» habe, lautet der Satz im Entwurf: «Sie haben Einem Triebe gelebt und ihm jedes Opfer gebracht» – dem Trieb, der erst Wagners «unterste und oberste Begehrungen» vergötterte, um schließlich sein ganzes Werk in diesen Götzenkult einzuschließen. In einem anderen Brief deutet er an, daß «Frau Wagner am besten» wisse, «wie ich das Verborgenste von dieser versteckten Natur» Wagners «erraten habe», die «außer mir» keiner kenne, «hinzugenommen noch Frau Cosima, welche weiß, daß ich recht habe».

Die Angegriffene blieb ihm nichts schuldig. Im Briefwechsel mit ihrer «Gralsritterschaft» drückte sie nur abgrundtiefe Verachtung aus und lieferte ihren Korrespondenzpartnern die nötige Munition: Nietzsche, «kränkelnd» von Anfang an, habe sich «nie heiter» geben können, weshalb ihre Kinder «eine förmliche Scheu vor ihm» entwickelt hätten. Obwohl er, wie sie andeutete, mit seinen «weichlichen» Formen, der «Kraftlosigkeit» und «unnatürlichen Scheu» kaum als echter Mann zu bezeichnen sei, habe er doch «das weibliche Geschlecht beschimpft», da ihm offenbar «die erhabene Mission des Weibes, möge das Geschlecht sich uns darstellen, wie es wolle», entgangen war. Seine Bücher, bloße «Spasmen der Impotenz», enthielten «bejammernswerte Niederträchtigkeiten», die zu alledem noch von überallher zusammengeraubt seien, ja «man könnte bei jedem Ausspruch von Nietzsche den Nachweis liefern, woher er ihn hat». Diesen «völligen Mangel an Originalität» – Wagner hatte ihn einst am «Judentum in der Musik» demonstriert – versuche er nun durch seinen «Größenwahn» auszugleichen, der immerhin den Vorteil biete, daß sich «bei der Zerrüttung des Geistes» die Wahrheit, nämlich «ein schlechter und gemeiner Charakter enthüllt».

Wie Nietzsche mit dem «Parsifal» ging Cosima mit dem «Zarathustra» ins Gericht. «Wir haben uns die Marter auferlegt», seufzte sie 1901 in einem Brief an Chamberlain, dieses Buch zu lesen, das vor allem «durch seine Dummheit in Staunen» versetze, aber auch mit seiner Sprache einen gewissen Verdacht nahelege. «Nietzsche spricht selbst kein Deutsch», gab sie dem Rassenspezialisten zu bedenken, die «abgehackten Sätze, in ihrer trostlosen Monotonie, gehören, ich weiß nicht welcher Sprache an», am ehesten noch der des Alten Testaments. Vermutlich sei dies der Grund dafür, daß Nietzsche, «was mir am Widerlichsten ist», das «Christentum in seine Betrachtung hineingezerrt» und an die Stelle des wahren Gottes sich einen «Gott als Tänzer» erträumt habe, was ihm nur durch den tanzenden Judenkönig «David vor der Bundeslade» eingegeben sein konnte. Womit Cosimas untrügliche Spürnase auch in Nietzsches Übermenschenprophetie das «Judentum» entdeckt hatte. Sie wolle diese Scheußlichkeiten, den «Bankrott an Gedanken» wie «die moralische Schlechtigkeit», großmütig «als Krankheit bezeichnen», wäre da nicht, was sie besonders «empört», so viel «des Lärmens um dieses traurige Buch».

Das Lärmen hätte sie am liebsten für Bayreuth reserviert. Leider erwies sich der schnauzbärtige Widersacher auch ohne ihren Propagandaapparat und die alljährlichen Wagner-Festwochen als ideale Kultfigur eines Reiches, das Welteroberungsansprüche stellte. Der Glauben, auf dem die Gründerzeit gründete, galt eben nicht nur Wagners «von aller Verunreinigung» befreitem Deutschtum, sondern auch Nietzsches von aller Weichlichkeit erlöstem «Willen zur Macht». In Weimar, das bemerkte Cosima argwöhnisch, erwuchs ihr ein Gegenkult, der immer mehr Jünger und Geldgeber anlockte. Das anmaßende «Benehmen» der

Nietzscheaner, die auf die Bayreuther «Dekadenz» mit Verachtung herabsahen, «entspricht», so die Gralshüterin, «unserer ganzen perversen Barbarei». Wäre Nietzsche wenigstens «ruhig seiner Krankheit verfallen», klagte sie zwei Jahre nach seinem Tod, und «sanft und still» verschieden, «wie man Beispiele kennt», so hätte man die Episode auf sich beruhen lassen können; statt dessen entwickelte sich der «unselige Kultus» seiner «letzten Schriften», an dem sie besonders «befremdet», daß «Anmaßung und Unklarheit wie seine Pfeiler erscheinen».

Gegen Nietzsches Schwester, die einst in Wahnfried die Kinder gehütet hatte und sich jetzt erdreistete, als halbgebildete Ordens-Schwester der Gott-ist-tot-Philosophie im Weimarer Irren-Haus die Rolle Cosimas zu spielen, hegte die Wahnfried-Herrin besonderen Groll. Die neun Jahre Jüngere war offenbar mit demselben «Willen zur Macht» gesegnet, den diese ihr nachsagte, und beherrschte die Öffentlichkeitsarbeit nicht weniger virtuos als ihre Lehrmeisterin. Während sie, den Erwartungen der Pilger entsprechend, Nietzsches Krankenzimmer in eine Wallfahrtskapelle umwandelte, zauberte sie aus dem Zettelchaos seiner Geistesblitze das epochale «Hauptwerk» des «Willens zur Macht», das den einstigen Gedankenspielen ihres Bruders über «Zucht und Züchtung» oder «Herrenmoral» die scheinbare Gediegenheit einer Dogmensammlung verlieh. Nietzsche-Jünger verbreiteten derweil Weimarer Enzykliken. Elisabeth erwies sich auch im editorischen Bereich als Cosimas Schülerin: Sie fälschte und log, verbrannte und verdrehte so hingebungsvoll, als wäre der Autor selbst in sie gefahren. Fühlte sich Cosima als Reinkarnation des Meisters, so wollten Vertraute in Elisabeth den eigenen Bruder entdeckt haben, wenn auch nur als dessen «Karikatur».

Da Bayreuth nun einmal zum Vorbild diente, bemühte sich die Nietzsche-Erbin ängstlich darum, das Verhältnis zu ihrem, wie Mitarbeiter Fritz Kögel schrieb, «geheimen, neidisch angeschauten Ideal» so würdevoll und konfliktfrei wie möglich zu gestalten; denn immerhin fühlte sie sich, laut Josef Hofmiller, «gewissermaßen als Cosima Nietzsche». Die Herrin von Bayreuth war nicht amüsiert. Empört über die Anmaßung der Konkurrentin, die «Luxus führt, Equipage, Dienerschaft und Hofhaltung», wies sie ihr, bei einem Zusammentreffen im Haus von Meyerbeers Tochter, die kalte Schulter, worauf Elisabeth in Tränen ausbrach. Cosima konnte ihr nicht verzeihen, daß sie «Ruhm sucht» und ihre «Bedeutung darin findet, daß vielerlei mit einem armen Kranken erkranken» – Nietzsche, das hatte sie wohl bemerkt, war ansteckend. Eine Anerkennung seiner Schwester in der Öffentlichkeit hätte die Epidemie womöglich noch verschlimmert. Als Elisabeth ihr gar, nach dem Tod ihres Bruders, Ebenbürtigkeit signalisierte, da nun «an der Spitze der beiden die moderne Welt beherrschenden Geistesrichtungen gewissermaßen als Repräsentanten zwei Frauen stünden», brach die schwarze Witwe, ob dieses «Gipfelpunkts der Verirrung», in «schallendes Gelächter» aus.

Noch am selben Tag, dem 15. November 1900, verpaßte Cosima ihrer Konkurrentin eine schallende Ohrfeige. Die umfangreiche Korrespondenz des Verstorbenen mit ihr und Wagner, so teilte sie der «teuren Elisabeth» mit, könne sie ihr leider nicht, wie erwünscht, zur Verfügung stellen; dem «Gebrauch, um nicht zu sagen, Prinzip in Wahnfried» gemäß, «sind die Briefe Deines Bruders vernichtet worden». Ähnlich skandalösen Bescheid erhielt Carl Maria Cornelius, als er um die Wagner-Briefe seines Vaters bat – da sich die Nation, so Cosima, für solche Veröffentlichungen gar nicht interessiere, seien fast alle Wagner-Briefwechsel, so die mit «Pusinelli, Röckel, Heine, Berlioz, Herwegh, Herrn und Frau Wesendonck, Semper, Gasperini, Baudelaire, Bülow, Nietzsche, Gobineau, Stein ... bis auf einzelne wenige Blätter (bei vielen gar keine) vernichtet» worden.

Bei Nietzsche hätte sie die Werke am liebsten mit vernichtet. Da sie selbst sich, schon aus Majestätsgründen, nicht auf eine Fehde einlassen konnte, stachelte Cosima jahrelang ihre Ritter an, gegen den «Wahnsinnigen» und seinen Weimarer Übermenschenkult anzuschreiben. Als ein Vertrauter, Gustav Schönaich, brieflich mit dem Verhaßten abrechnete, drängte sie ihn, seine Gedanken als Vortrag für die Öffentlichkeit auszuarbeiten. Den hörigen Wagner-Biographen Glasenapp forderte sie auf, sich diesem «Abscheu erregenden Wesen an Herzlosigkeit, Dünkel und aufgeblähter Torheit» mit polemischer Schärfe zu widmen. Chamberlain lag sie gleich mehrmals in den Ohren, gegen diesen Menschen, der «entweder ein Monstrum oder ein Wahnsinniger sein muß», beispielsweise durch eine, wie sie es salopp nannte, «Abfertigung des Zarathustra» vorzugehen. Ihren Liebling Chamberlain, mit dem sie amourös angehauchte Briefe wechselte, wollte sie dabei durch eine Obsession ködern, der auch er längst verfallen war. «Nietzsche!» schrieb sie ihm, «ich glaube es wäre da etwas zu erkennen, was in die tiefsten Probleme der Metaphysik reicht. Auch die Rasse spricht hier. Er war slawischen Ursprungs» – was bei Cosima, wie sie in Wagnerscher Häme ihrer Freundin, Gräfin Mimi von Wolkenstein, anvertraute, nur das eine bedeuten konnte: «Daß Du die Slawen zu unseren israelitischen Brüdern rechnest, ich meine, in Deiner Abneigung, hat mich sehr unterhalten». Nietzsche also doch eine Art Jude – der Meister hätte triumphiert.

Chamberlain zögerte. So ehrenvoll es war, als «lenkbarer Drachentöter des unseligen Nietzsche-Kultus», wie der Bayreuth-Forscher Massimo Zumbini schrieb, für Dame Cosima in die Schlacht zu ziehen: als Realpolitiker, der es sich nicht mit der Zarathustra-Fraktion verderben wollte, schien es ihm «unklug». Die Gegenseite bekannte sich schließlich zu ähnlichen völkischen Zielen und wollte, wie Cosima es für Bayreuth formulierte, denselben «Samen eines pangermanischen Gedankens aussäen», den Chamberlain längst in seinen Schriften propagierte. Auch mochte er nur ungern an die Person Nietzsches rühren, über die er von einem gemeinsamen Freund Bedenkliches erfahren hatte – «vertrauliche Mitteilungen über das», was dieser «das ‹Geheimnis› in Nietzsches Leben nannte». Und «das war es», so Chamberlain, «was Nietzsche von vornherein aus meinem Leben ausstrich. Und wenn man das weiß», schrieb er seiner «hochverehrten Meisterin», dann «kann einem das Geschwätz von der ‹Herrennatur› nur Ekel erregen.» Cosima ließ das «Geheimnis» auf sich beruhen.

Die beiden verfeindeten Kulte, die sich nach Kräften befehdeten, wie ihre Idole es vorgeführt hatten, sollten ihre öffentliche Versöhnung erst durch den begeisterten Wagner- und Nietzsche-Leser Adolf Hitler finden. Zur Trauerfeier für Elisabeth Nietzsche im November 1935, die mit Nazi-Pomp und Führerträne begangen wurde, war, vermutlich dem Führer zuliebe, Winifred Wagner angereist, die als Siegfried-Witwe das Erbe der 1930 verstorbenen Cosima angetreten hatte. Schon 1934 war Hitler entschlossen gewesen, eine repräsentative «Nietzsche-Gedenk-Halle» zu errichten, für die Mussolini, selbst Nietzsche-Leser, später eine Dionysos-Statue stiften sollte. Zu dem Philosophentempel mit «Zarathustra»-Denkmal war ein noch monumentaleres Gegenstück für Bayreuth geplant, eine palastartige Marmor-Akropolis mit dem gigantischen Festspielhaus als Parthenon. Der Endsieg sollte hier mit der Erlösungsoper «Parsifal» gefeiert werden. Doch Hitler, mit den Kriegen beschäftigt, die sein Idol Nietzsche für dieses Jahrhundert vorausgesagt hatte, verlor das Interesse an den beiden Propagandabauten. Die Lager, kaum auf einen gemeinsamen Nenner gebracht, traten wieder auseinander, um die alte Fehde weiterzuspinnen.

Wäre es nach Nietzsche gegangen, hätte man sie sich ersparen können. Seine erbitterte Polemik gegen Wagner, die er 1888 mit wutschäumenden Pamphleten auf die Spitze trieb, als wäre sein Feind noch am Leben, war eigentlich ein Nachfolgekampf. Was Wagner in seinen Augen an Dekadentem, Erbärmlichem, Perversem darstellte, war ein für allemal entlarvt und abgetan. Was Wagner dagegen an Heroischem und Übermenschlichem geleistet hatte, das Göttliche also, zu dem ihn seine dionysische Inkarnation befähigte, verkörperte sich nun in ihm, Nietzsche-Dionysos. Schon 1882 hatte er Malwida verraten, daß «der beste Teil der Wagnerischen Wirkung» in ihm «fortleben» würde. Sechs Jahre später deutete er seine «Unzeitgemäßen Betrachtungen» als Prophezeiungen seiner eigenen Zukunft: An «allen psychologisch entscheidenden Stellen ist nur von mir die Rede», man könne sogar «rücksichtslos» seinen Namen «hinstellen, wo der Text das Wort Wagner gibt». Das Wort Wagner sollte zu einem der meistverwendeten seines letzten Schaffensjahres werden.

Mit dessen Tod 1883 war nicht nur die Wunde der «tödlichen Beleidigung» wieder aufgerissen, sondern auch ein längst begrabener Anspruch ans Licht befördert worden. «Zuletzt war es der altgewordene Wagner», schrieb Nietzsche an Köselitz, «gegen den ich mich wehren mußte; was den eigentlichen Wagner betrifft, so will ich schon noch zu einem guten Teil sein Erbe werden.» Auch der musizierende Adlatus sollte von dieser Entwicklung profitieren, seine schnöde verkannte Komposition «Der Löwe von Venedig» bald schon die höchsten Weihen empfangen. «Es ist jetzt verschiedenes möglich», orakelte Nietzsche in weltfremder Vorfreude, «z. B. daß wir noch einmal im Bayreuther ‹Tempel› sitzen, um Sie zu hören» – Köselitz' «Löwe» gegen Wagners «Parsifal», das gehörte zu Nietzsches Wunschträumen wie die Errichtung einer Philosophenkolonie auf den «glückseligen Inseln». Traumhaft verklärte sich ihm nun das verwaiste Bayreuth zum einsamen Strand von Naxos, an dem Cosima, wie die von ihrem Geliebten verlassene Prinzessin, vor Trauer und Erschöpfung eingeschlafen ist. «Ariadne träumend: ‹vom Helden verlassen träume ich den Über-Helden›», notierte er sich im Sommer nach Wagners Tod. Dieser

Über-Held erscheint als «Dionysos auf einem Tiger», der sich die grausame Natur unterworfen hat, um nun auch die kapriziöse Prinzessin zu zähmen. Denn diese steht ihm als seine Braut ebenso zu wie dem Wagner-Erben die Witwe Cosima. Nur, sie weiß es noch nicht, weshalb Nietzsche ihr, neckischboshaft, wie es seiner dionysisch-satirischen Natur entspricht, durch versteckte Andeutungen in seinen Büchern auf die Sprünge helfen muß.

Im Herbst 1887 gab sich der Über-Held seinen schweifenden Gedanken über den «Geschlechtstrieb» und die «Grausamkeit» sowie deren geheimen Zusammenhang hin, stellte sich das «Häßliche» vor, das «die Lust der Grausamkeit in uns leise anregt», und erfand den Begriff «Wollust am Zerstören», zu dessen mythologischem Repräsentanten er den «*Minotaurus*» ernannte. Der Ideentüftler Nietzsche, von seiner Freundin Lou Salomé ein «Sadomasochist an sich selber» genannt, bewegte sich in seinem Element, zu dem auch seit Tribschen jenes «*Satyrspiel*» gehörte, dessen Szenen er in Hinblick auf Cosima-Ariadne in mehrere seiner Bücher mystifizierend «eingemischt» hatte. Nun also glaubte er die Zeit zu einem Dacapo gekommen und stellte für das alte Stück von Dionysos, Ariadne und Theseus neue Szenen zusammen, Gesprächsfetzen meist albernen Charakters, die den Leser ratlos und selbst einen findigen Nietzsche-Forscher wie Erich F. Podach nur «leeres Gerede» und «einfallslos-pompöse Verschrobenheit» entdecken ließen.

Eine, das wußte der betont lässig zu Werk gehende Nietzsche, würde das «leere Gerede» verstehen – sie hatte schließlich daran teilgenommen. Die sinnlos scheinenden Sätze stammen nämlich aus der Zeit des Scheidungsdramas um Cosima, in der sich die Bülow-Gattin und ihr Geliebter heftige Wortgefechte mit dem gehörnten Dirigenten lieferten, die dieser seiner Basler Bekanntschaft Nietzsche, wohl wörtlich zitierend, weitererzählte. Daß die Ehebruchs- und Lügengeschichte, in die selbst der bayerische König hineingezogen worden war, Cosimas Lebenstrauma darstellte, hatte Nietzsche in Tribschen miterlebt, und diese Schwäche der starken Herrin nutzend, stieß er nun boshaft in die alte Wunde; indem er ihr die Verfehlung vor Augen führte, konnte er ein wenig das «Instrument» dieser «unerbittlichen Gerechtigkeit» spielen, als das sie sich einst selbst bezeichnet hatte. Cosima zu quälen, das war der Sinn des «Satyrspiels», und nebenbei auch, sie an ihre mythologische Identität zu erinnern: Du bist Ariadne und brauchst, «vom Helden verlassen», den «Über-Helden» – dies die schlichte Botschaft, zu der es keiner besonderen Formulierungskünste bedurfte.

Ganz so leicht indes gestaltete sich die Machtübernahme nicht. Ariadne hatte nun einmal beschlossen, daß «alle Helden» an ihr zugrunde gehen sollten, wie Nietzsche im «Satyrspiel» schrieb, und nicht nur jener Theseus Hans, der sich als erster in ihr «verirrt» hatte. «Ariadne», sagt Dionysos deshalb respektvoll zu ihr, «du bist ein Labyrinth.» Auch er selbst, in dessen Maske sich Wagner verbarg, würde irgendwann in diesem Irrgarten zugrunde gehen, um Platz zu schaffen für den Über-Helden. Noch achtzehn Jahre nach der Ehetragödie um den ausgebooteten Bülow – und fünf Jahre nach Wagners Tod – standen dem ebenfalls ausgebooteten Nietzsche die Ereignisse so lebendig vor Augen, als wären sie gestern geschehen. Einen seiner letzten «Wahnsinns-Briefe» aus Turin, nur Tage vor seiner Überführung ins Basler Irrenhaus, richtete er an Bülow, den Hahnrei von Tribschen: «Herrn Hanns von Bülow ... In Anbetracht, daß Sie angefangen haben und der erste Hanseat gewesen, ich, in aller Bescheidenheit, bloß der Dritte Veuve Cliquot-Ariadne(s), darf ich Ihnen schon nicht das Spiel verderben: vielmehr verurteile ich Sie zum ‹Löwen von Venedig› – der mag sie fressen ...»

Die absurd klingende Botschaft vom 4.Januar 1889 dreht sich, wie die gleichzeitigen Rätsel-Botschaften an die Wagner-Witwe, um die Ansprüche des neuen Dionysos auf seine vom Helden verlassene Braut: Bülow war der erste Liebhaber Cosimas, ihr «Hanseat», was eine höfliche Verfremdung von Nietzsches Lieblingswort «Hanswurst» sein dürfte und zutreffend Bülows damalige Rolle beschreibt; der zweite, dessen Namen Nietzsche wohl aus Taktgefühl verschweigt, war Wagner, auf den nun als Dritter er selbst, oder vielmehr jener «Dionysos» folgte, der den Brief unterzeichnet hat. Das Wortspiel, das Nietzsche sich als Namenschiffre für Cosima ausgedacht hat, verbindet deren an die Verlassenheit Ariadnes erinnernden Witwenstand mit der auf den trunkenen Dionysos anspielenden Champagnermarke, die der «lustigen Witwe», als einstiges Lieblingsgetränk ihres verstorbenen Mannes, nun an der Seite ihres «Dritten» eine rauschhafte Zukunft verheißt. Dem ersten Hanswurst bleibt angesichts dieser Entwicklung nur noch das Schicksal, gefressen zu werden; zwar nicht vom Minotaurus, der längst zugrunde gegangen ist, dafür aber von jenem «Löwen» aus Heinrich Köselitz' Oper, der demnächst das Bayreuther Festspielpublikum das Fürchten lehren würde.

Dazu mußte erst einmal die Champagner-Witwe gewonnen werden. Um Cosima gewogen zu stimmen, vergaß Nietzsche alle Vorwürfe, den Meister durch Götzendienst verdorben zu haben, und schmeichelte ihr mit übertriebenem Lob. Sie sei, so beteuerte er ihr, «die einzige Frau, die ich verehrt habe», ebenso «die bei weitem vornehmste Natur, die es gibt», weshalb er sie – ein Dionysos kann das – zusammen mit Erwin Rohde, dem Dioskuren, «unter die Götter» versetzte. Ihre Heirat mit Wagner habe er, aus Etikettegründen, nie anerkannt. «Im Verhältnis zu mir», schreibt er in einer Notiz zu «Ecce homo», «habe ich ihre Ehe mit Wagner immer nur als Ehebruch interpretiert ... der Fall Tristan». Auch dieser Satz erinnert an den von Bülow als «Fall Tristan» bezeichneten Skandal, den Nietzsche schon aufgrund seiner «Vornehmheit» – «Ich würde den jungen Deutschen Kaiser nicht in meinem Wagen als meinen Kutscher ertragen» –

schärfstens mißbilligen mußte; zugleich schimmert die Überzeugung des Gottes Dionysos durch, daß Prinzessin Ariadne ihm schon vor der Theseus-Zeit versprochen, ihre Liaison mit beiden Helden deshalb nur ein treubrüchiges Intermezzo gewesen sei. Verglichen mit der göttlichen Distinktion ihres wahren Bräutigams, schnitt der zotenreißende Wagner wahrhaftig, Nietzsche betonte das auch in anderem Zusammenhang, wie ein «Hanswurst» ab. Cosima-Ariadne dagegen war der «einzige Fall, daß ich meines Gleichen gefunden habe». Nur, sie wollte es nicht begreifen.

Einen weiteren Versuch, die Annäherung der Göttin herbeizuführen, unternahm Nietzsche im «Dionysos-Dithyrambus» von der «Klage der Ariadne». Der Gesang der leidenden Prinzessin, die es nach treffsicherer Durchbohrung durch den triefenden Gottespfeil verlangt, war einst in «Also sprach Zarathustra» dem Zauberer in den Mund gelegt worden, hinter dem sich Richard Wagner verbarg. Nun sang Cosima den lüstern-verzweifelten Preisgesang auf den verborgenen Bräutigam: «Oh komm zurück, mein unbekannter Gott! mein Schmerz! mein letztes Glück!» Der so Gerufene, der sie zuvor als «grausamster Jäger gejagt» und «mit grausamstem Stachel» gemartert hat, läßt sich endlich auf ihr Flehen ein und entpuppt sich als spöttischer Rätselfreund, der zuerst ihre wegen der langen Ohren gekränkte Eitelkeit kitzelt, sie dann ein wenig von seiner paradoxen Götterweisheit kosten läßt – «Muß man sich nicht erst hassen, wenn man sich lieben soll?» – und ihr am Ende den Rätselspruch zu knacken gibt: «*Ich bin dein Labyrinth.*»

Nimmt man dem tiefsinnigen Spaßvogel, der mit einem Blitzschlag seine «Henker-Gott»-Persönlichkeit abgelegt hat, auch noch das smaragdgrüne Dionysos-Kostüm weg, so bleibt nur der kranke, im Wahnsinn versinkende Friedrich Nietzsche übrig. Erst hatte er sich grausam an Wagner als dem lüsternen «Apostel der Keuschheit» gerächt, dann an seiner Witwe, mit deren Einmischung «in Dinge der deut-

«An mir sollen alle Helden zu Grunde gehen»: Die
bösen Worte, die Nietzsche seiner Ariadne in den
Mund legte, trafen auf die Herrin von Bayreuth
zu. Sie überlebte alle, von Bülow über Wagner bis
zu Nietzsche und Chamberlain – und konnte
1923 sogar noch die frohe Botschaft des Deutsch-
land-Erlösers Hitler vernehmen

schen Kultur oder gar der Religion» er «kein Erbarmen» mehr zeigen werde, um ihr schließlich, verlegen verschlüsselt, seine – Liebe zu gestehen. So hat man seine Botschaften an die «Prinzeß Ariadne, meine Geliebte» bis heute verstanden, aber so waren sie nicht gemeint. In dem Satz *«Ich bin dein Labyrinth»* verbirgt sich keine Liebeserklärung, sondern die Aufforderung an Cosima, über diese neue Wahrheit nachzudenken, über *ihn* nachzudenken.

Daß Nietzsche sich ihr als Dionysos zu erkennen gab, bekräftigte nicht nur seine Ansprüche auf sie als Wagner-Erbe, sondern offenbarte auch sein bisher verborgenes Wesen – als Gott, der auch sein Gegenteil ist, der den Rausch des Lebens wie das Grauen des Sterbens verkörpert, der Lust und Schmerz, Mann und Frau zugleich sein kann. Cosima wußte, was Wagner über seinen Jünger verbreitet hatte, jenes «Eine, was wir Frauen freilich nicht verstehen können». Nun, als enthüllte Gottheit der Zweigeschlechtlichkeit, gab es für Nietzsche keinen Grund mehr, dies zu verheimlichen.

In den Tribschener Tagen, die sich in Nietzsches Erinnerung zum Vorspiel künftiger Harmonie verklärten, hatte der Philologieprofessor seiner «Freundin» das ihr bis dahin wenig bekannte Griechentum erschlossen, diese heldische Männerwelt im Zeichen des leuchtenden Apoll, und sie dankte ihm mit den Worten, seine «Anschauung der griechischen Dinge» sei ihr «zum Leitfaden durch eine Welt geworden, die mir sonst wohl auf ewig labyrinthisch unerkenntlich geblieben wäre». Nietzsche, der nichts vergaß, kam nun, achtzehn Jahre später, auf Cosimas Formulierung zurück, um sie mit göttlich-dionysischer Vollmacht zu bekräftigen: «Ich bin dein Labyrinth» – die Welt des Griechentums, der Männerliebe, des triumphierenden Willens zur Macht. Dieser Welt würde Cosima fortan, als dem Gegensatz ihrer «feminisch»-schwülen Wagner-Welt, verfallen sein. Dafür gestand er der Bayreutherin gerne zu, daß sie für ihn den gleichen verlockenden Gegensatz darstelle, dem auch er sich, zumal als ihr mythischer Bräutigam, nicht entziehen könne. «Oh Ariadne», sagte Dionysos zur Prinzessin, «du selbst bist das Labyrinth: man kommt nicht wieder aus dir heraus.» Ihre Antwort, «Dionysos, du schmeichelst mir, du bist göttlich», läßt vermuten, daß sie das längst weiß. Wie sie das Labyrinth seiner eigenen Weiblichkeit verkörpert, so hat sie sich, ohne zu wissen, wie ihr geschah, in seinem Labyrinth verlaufen – jenem dunklen Teil ihrer selbst, in dem die grausame Männlichkeit des «Henker-Gottes» mit «zähnestumpfen Pfeilen» zustößt, bis Ariadne sich ihm, nach letzter Durchbohrung schmachtend, ergibt.

Erst in der «Hochzeit des Dionysos und der Ariadne» finden die Gegensätze des Männlichen und Weiblichen, die sonst in mörderischem Zwist miteinander leben, ihre Versöhnung. Daß dies der eigentliche Hintergrund seines Werbens um die Wagner-Witwe war, verriet Nietzsche am 4. Januar 1889, als er bereits in Turin unter psychiatrischer Beobachtung stand, dem Basler Historiker Jacob Burckhardt, der einst den Tribschen-Wahn seines jungen Kollegen miterlebt hatte. «Ich, zusammen mit Ariadne», schrieb ihm Nietzsche, «habe nur das goldne Gleichgewicht aller Dinge zu sein.» Unterzeichnet hat er die Botschaft mit «Dionysos».

Auf seine Lockbriefe und Dithyramben, sein Necken und Werben, hat Nietzsche nie eine Antwort erhalten. Seine Vision vom Zusammenfall der Gegensätze im göttlichen Paar sollte er ins Labyrinth der Irrenhäuser, in die Unterwelt seines fast zwölf Jahre währenden Verfalls mitnehmen. Ob die gestrenge Bayreutherin durch ihre Politik des Totschweigens zu seinem Untergang beigetragen hat? Er selbst hat es wohl geglaubt. In der Krankenakte der Großherzoglich Sächsischen Landes-Irren-Heilanstalt Jena findet sich unter dem 27. März 1889 der Ausspruch des Patienten vermerkt: «Meine Frau Cosima Wagner hat mich hierher gebracht.»

Bibliographisches

Statt eines detaillierten Quellennachweises – die meisten Zitate erschließen sich ohnehin aus dem Text – sei hier die wichtigste Literatur zur Rekonstruktion des Verhältnisses Nietzsche–Cosima genannt. Im Anschluß sind die Hauptquellen für die einzelnen Kapitel aufgeführt.

Die Jahre des gemeinsamen Einsatzes für die Wagner-Sache finden sich im Briefwechsel Nietzsches mit Cosima Wagner dokumentiert, in den Richard Wagner nur gelegentlich eingreift. Obwohl Cosima einen großen Teil der Nietzsche-Briefe verbrannt hat, bietet die Briefwechsel-Abteilung der Kritischen Gesamtausgabe der Schriften Friedrich Nietzsches, begründet von Colli/Montinari, Berlin 1975 ff. (abgekürzt KGB), einen guten Überblick. Die erhaltenen Briefe Nietzsches an Cosima und Richard Wagner finden sich außerdem in der Taschenbuchausgabe – Kritische Studienausgabe der Briefe Friedrich Nietzsches –, die 1980 in München erschien (KSB).

Ein weiteres Hauptzeugnis bieten die Tagebücher Cosima Wagners, hrsg. von Martin Gregor-Dellin und Dietrich Mack, München 1976, in denen der Tageslauf des Wagner-Haushalts und der Aufbau des Bayreuth-Kults von 1869 – Nietzsches Einstiegsjahr – bis 1883 – Wagners Todesjahr – festgehalten ist. Die erbitterte Feindschaft Cosimas gegen den abgefallenen Jünger seit 1876 schlug sich in ihren reichlichen Briefwechseln nieder, u. a. mit Tochter Daniela von Bülow (Stuttgart 1933), Houston Stewart Chamberlain (Leipzig 1934), Fürst Ernst zu Hohenlohe-Langenburg (Stuttgart 1937), Ludwig Schemann (Regensburg 1937) und

Richard Strauss (Tutzing 1978). Auszüge aus diesen und anderen für die politische Rolle der Bayreuther Herrin einschlägigen Briefwechseln präsentiert der Band Cosima Wagner. Das zweite Leben, hrsg. Dietrich Mack, München 1980.

Nietzsches Äußerungen über Cosima und Richard Wagner finden sich in der Kritischen Gesamtausgabe der Nietzsche-Werke (KGW), Berlin 1967 ff., hrsg. Colli/Montinari. Hilfreich beim Auffinden der Stellen: das Register der Kritischen Studienausgabe der Nietzsche-Werke, München 1980 (KSA). Wagners Aussagen zu Nietzsche wurden von Cosima in den Tagebüchern notiert, manches steht auch in Wagners Privataufzeichnungen Das Braune Buch, hrsg. Joachim Bergfeld, Zürich 1975. Standardwerk zum Bayreuther Antisemitismus: Hartmut Zelinsky, Richard Wagner – ein deutsches Thema, Neuauflage Berlin–Wien 1983.

Neben diesen Hauptquellen erweisen sich die gängigen Biographien für das Verhältnis Nietzsche–Cosima als wenig ergiebig. Von Curt Paul Janz (3 Bände, München 1978 ff.) unter Fakten begraben, von Werner Ross (Der ängstliche Adler, München 1980) als tragikomische Romanfigur wiederbelebt, spielt Nietzsche in der Nietzsche-Literatur traditionell die Rolle des Wagner ebenbürtigen Geistesfürsten, der mit dem Meister Stationen einer epochalen Begegnung, wie eine neuere Veröffentlichung verheißt, durchleben durfte; die Rolle des manipulierten Lehrlings kam gar nicht erst ins Blickfeld. Doch so verfehlt die Vorstellung einer «Jahrhundert-Freundschaft» zwischen Nietzsche und Wagner war, so schief lag auch die Wagner-Literatur mit ihrer Deutung: Nietzsche, der das Zeug zum führenden Wagner-Apostel gehabt hätte, sei aus niedrigen Beweggründen vom Meister und der Meisterin abgefallen – und zwar auf «hinterhältige Weise» (so Manfred Eger, Leiter der Bayreuther Wagner-Gedenkstätte, in seinem Anti-Nietzsche-Buch Wenn ich Wagnern den Krieg mache ..., Wien 1991). Die angeblichen Motive: Eifersucht wegen Cosima, Neid, weil er als Musiker bei Wagner keine Anerkennung fand, oder schlicht Größenwahn. In Martin Gregor-Dellins populär-gemütlicher Wagner-Biographie (München 1980) bleibt der politische Hintergrund ausgespart, dominiert das Pittoreske einer «tragischen» Haßliebe. Die Beziehung Nietzsche–Cosima hat auch in den beiden empfehlenswerten Wagner-Biographien von Ernest Newman (The Life of Richard Wagner, 4 Bände, London 1937 ff.) und Robert Gutman (München 1970) nur marginale Bedeutung. Die Grundzüge ihres Verhältnisses finden sich vorgezeichnet in dem Nietzsche-Buch des Verfassers, Zarathustras Geheimnis. Friedrich Nietzsche und seine verschlüsselte Botschaft, Nördlingen 1989, Taschenbuch Reinbek 1992.

Quellenhinweise zu den einzelnen Kapiteln
1. Kapitel Material zu Nietzsches «Klage der Ariadne» in Wolfram Groddeck, Friedrich Nietzsches Dionysos-Dithyramben, Berlin 1991, hier auch das Faksimile des «Trief tiefer!» (Tafel 124). Details zu Cosima Wagners letzten Lebensjahren in Friedelind Wagner, Nacht über Bayreuth, Köln 1994 (Erstausgabe Bern 1945), und Hans Jürgen Syberbergs Fernsehinterview mit Winifred Wagner, 1975. Über Nietzsches letzte Leidensjahre in Pia Daniela Volz, Nietzsche im Labyrinth seiner Krankheit, Würzburg 1990, in der auch überzeugend die Syphiliserkrankung nachgewiesen wird. Die umfangreichsten Zeitgenossen-Berichte zu Nietzsches Leben in Begegnungen mit Nietzsche, hrsg. Sander L. Gilman, Bonn 1981.

2. Kapitel Über die traumatischen Kindheitserfahrungen in Joachim Köhler, Zarathustras Geheimnis (1989), und Jørgen Kjær, Nietzsche. Die Zerstörung der Humanität durch «Mutterliebe», Opladen 1990. Die ausführlichste Darstellung der entscheidenden Kindheits- und Jugendjahre in Hermann Josef Schmidts monumentalem Vierbänder Nietzsche absconditus (Berlin 1991 ff.), in dem u. a. zum ersten Mal die Rolle des Nietzsche-Mentors Ernst Ortlepp dargestellt ist. Über Cosimas Kindheit geben die mehr oder weniger zuverlässigen Biographien Aufschluß, darunter hagiographisch verlogen, aber ausführlich Richard Graf DuMoulin Eckart, Cosima Wagner, Berlin 1929; mit kritischen Untertönen: George R. Marek, Cosima Wagner. Ein Leben für ein Genie, Bayreuth 1982. Eine nüchtern-präzise Darstellung findet sich eingebettet in Alan Walkers mehrbändige Liszt-Biographie, Ithaka 1987 ff. Die dramatische Szene, als Hans von Bülow den Ehebruch seiner Frau mit Wagner entdeckt, in Herbert Conrad, Der Beidler-Konflikt, Bayreuther Festspielnachrichten 1982.

3. *und 4. Kapitel* Hauptquellen sind Nietzsches Briefwechsel KGB und Cosimas Tagebücher. Wagners «Parzival»-Entwurf von 1865 im «Braunen Buch» 52 ff.

5. *Kapitel* Nietzsches verstreute «Empedokles»-Notizen, zusammengetragen in Jürgen Söring, Nietzsches Empedokles-Plan, Nietzsche-Studien 19, Berlin–New York 1990; Nietzsches «Satyrspiel» in KSA 12, 401 ff.

6. *Kapitel* Nietzsches radikales Fragment aus den «ersten Wochen des Jahres 1871» in KSA 7, 333 ff.; umgearbeitet zur Vorrede «Der griechische Staat» in KSA 1, 764 ff. Wagners homoerotische Kulturvision in Richard Wagner, Gesammelte Schriften und Dichtungen, Bd. 3, 10 ff. («Die Kunst und die Revolution») und Bd. 3, 134 ff. («Das Kunstwerk der Zukunft»). Nietzsches Vorarbeiten zu «David Friedrich Strauss» in KSA 7, 584 ff.

7. *Kapitel* Die Wagner-Anmerkungen von Peter Cornelius finden sich in Peter Cornelius, Ausgewählte Briefe, hrsg. Carl Maria Cornelius, Leipzig 1904/05, und Carl Maria Cor-

nelius, Peter Cornelius, Der Wort- und Tondichter, Regensburg 1925. Wagners Notiz über die beiden «Griechen» Nietzsche und Rohde im «Braunen Buch», 232. Erwin Rohdes Bayreuther Braut-Briefe in Andreas Patzer, Erwin Rohde in Bayreuth, Nietzsche-Studien 20, Berlin–New York 1991.

8. Kapitel Berichte über das letzte Treffen der Wagners mit Nietzsche in Malwida von Meysenbug, Memoiren einer Idealistin, und Der Lebensabend einer Idealistin, Band 2, Berlin 1917, 235 ff. Auch in Elisabeth Förster-Nietzsche, Wagner und Nietzsche zur Zeit ihrer Freundschaft, München 1915, 256 ff. Cosimas Briefe an Mimi – Marie von Wolkenstein – in DuMoulin Eckart Bd. 2, 842 ff.; Nietzsches Notizen über das letzte Gespräch in KSA 14, 161 ff. Wagners Ausfälle gegen Nietzsche und die Juden in KSA 15, 84 ff.

9. Kapitel Der Briefwechsel Wagner/Wolzogen-Eiser in Curt von Westernhagen, Richard Wagner, Zürich 1956, 524 ff., und in Ludger Lütkehaus, «O Wollust, o Hölle», Frankfurt 1992, 201 ff. Hinweise auf die Denunziation bereits in Josef Hofmiller, Nietzsche, Süddeutsche Monatshefte 2, November 1931, 89. Cosimas erpresserischer Brief an König Ludwig II. vom 1.12.1865 in deren unveröffentlichtem Briefwechsel, den Martha Schad in Bayreuth transkribiert hat. Der Bericht Otto Eisers über Nietzsches Wutanfall in S. Gilman, Begegnungen mit Nietzsche, 345. Nietzsches «Mitromania»-Selbstmordphantasien in KSA 8, 504 ff.

10. Kapitel Die meisten Auslassungen Cosimas über den abgefallenen Jünger in Cosima Wagner, Das zweite Leben; Cosima über Nietzsches «Zarathustra» in ihrem Briefwechsel mit Houston Stewart Chamberlain, Leipzig 1934, 608 ff. Hitlers Pläne zu einer Nietzsche-Gedenkhalle finden sich in David Marc Hoffmann, Zur Geschichte des Nietzsche-Archivs, Berlin 1991, 111 f., Hitlers Wagner-Akropolis für Bayreuth in Frederic Spotts, Bayreuth, New Haven 1994, 196 ff. Nietzsches Veuve-Cliquot-Brief in KSB 8, 573. Nietzsches Rätselsatz «Meine Frau Cosima Wagner hat mich hierher gebracht» bei Pia Daniela Volz, Nietzsche im Labyrinth seiner Krankheit, 397.

Ich danke Thomas Karlauf von Rowohlt · Berlin für die Anregung zu diesem Buch und die gute Zusammenarbeit.

Namenregister

Aeschylus 56, 79
Alkibiades 167f., 170
Apel, Theodor 166
Auerbach, Berthold 109f.

Baudelaire, Charles 185
Beethoven, Ludwig van 24, 114
Berg, Alban 86
Berlioz, Hector 185
Bethmann 99
Bismarck, Otto von 20
Bissing, Freifrau von 39
Bonfantini 72
Borchmeyer, Dieter 134, 143
Brockhaus, Clemens 93, 125
Brockhaus, Ottilie 24, 27, 43
Buch, Marie von 39
Bülow, Blandine von 41f., 49f.
Bülow, Daniela von 41f., 49
Bülow, Franziska von 32f., 52
Bülow, Hans von 27, 32–34, 36 bis 42, 45f., 52, 58, 65, 69, 82, 85, 116f., 140, 156, 172f., 185, 189–191
Burckhardt, Jacob 22, 104, 195
Byron, Lord 22

Caesar 9
Chamberlain, Eva 15f.
Chamberlain, Houston Stewart 15f., 62, 127, 177, 183, 186f.
Colli, Giorgio 87

Cornelius, Carl Maria 114, 185
Cornelius, Peter 37–39, 113 bis 117, 156, 171

D'Agoult, Marie 14, 28–30, 32, 34, 36, 99
Deussen, Paul 102
Devrient, Eduard 46, 48, 107
Doepler 125
DuMoulin Eckart, Richard 58, 133, 175
Dürer, Albrecht 58, 61f.

Eiser, Otto 161f., 164–167, 173f.
Elisabeth von Österreich 113

Feuerbach, Ludwig 96
Flavigny, Marie-Elisabeth de 29, 36, 99
Förster, Bernhard 20
Förster-Nietzsche, Elisabeth 16f., 19f., 40f., 47f., 53, 70, 124, 126–128, 130–131, 142–144, 148, 160f., 173, 184f., 187

Gasperini 185
Gast, Peter s. Heinrich Köselitz
Gautier, Judith 139, 152f.
Genelli, Bonaventura 94
Gersdorff, Carl von 55, 65f., 100, 117f., 123

Geyer, Ludwig 58, 99, 180
Giessel 65, 123
Glasenapp, Carl Friedrich 159, 186
Gobineau, Arthur Graf von 185
Goebbels, Joseph 20
Goethe, Johann Wolfgang von 56, 60, 102, 141
Gregor-Dellin, Martin 134, 143, 165, 170, 172

Hanslick, Eduard 112, 114, 127
Hegel, Georg Wilhelm Friedrich 96, 107, 110
Heine, Heinrich 110, 185
Heinse, Wilhelm 131
Herwegh, Georg 107, 185
Herzogenberg, Elisabeth von 181
Hitler, Adolf 15 f., 19 f., 127, 177, 187
Hölderlin, Friedrich 78 f., 118
Hoffmann, E. T. A. 66
Hofmiller, Josef 161, 185
Hohenlohe-Langenburg, Ernst Fürst zu 148
Holtei, Karl von 170
Homer 8
Hornstein, Robert von 168, 170

Janz, Curt Paul 78, 151, 165

Keller, Gottfried 112
Kintschy 23 f.
Kögel, Fritz 161, 185
Köselitz, Heinrich 64, 150, 160 f., 175, 188, 191

Lassalle, Ferdinand von 57
Laube, Heinrich 23 f.

Lenbach, Franz von 14, 92
Levi, Hermann 144 f., 156, 173
Liszt, Anna 28
Liszt, Blandine-Rachel 14, 28, 30–32, 99
Liszt, Daniel 14, 28, 30, 32, 100
Liszt, Franz 14, 28–34, 38 f., 42, 54, 58, 63–65, 99 f., 119, 128, 139, 168, 170
Ludwig II. von Bayern 13 f., 26 f., 41 f., 49, 55 f., 58 f., 115–117, 119, 122, 138, 171–173, 189
Luther, Martin 120

Maier, Mathilde 36, 39
Marek, George 170
Maria von Bayern 41
Mauro, Seraphine 114 f.
Mayer, Hans 134
Mendelssohn Bartholdy, Felix 46, 48, 107
Meyer, Friederike 39
Meyer Noske 71
Meyerbeer, Giacomo 185
Meysenbug, Malwida von 66, 118, 122, 140–144, 146 f., 157 f., 160 f., 173, 175, 177, 180, 188
Montinari, Mazzino 134
Mrazek, Anna 39 f.
Mussolini, Benito 187

Napoleon 12
Newman, Ernest 100, 106 f.
Nietzsche, Carl Ludwig 20 f., 23, 30, 137
Nietzsche, Elisabeth s. Förster-Nietzsche
Nietzsche, Erdmuthe 21
Nietzsche, Franziska 17, 21 f., 160

Nietzsche, Joseph 21

Ortlepp, Ernst 22–24, 63, 79
Ott, Louise 152
Overbeck, Franz 13, 123, 158, 160
Overbeck, Ida 158, 160

Paer, Ferdinando 66
Panizza, Oskar 85
Pindar 56
Platen, August Graf von 97
Platon 22, 84, 103, 167, 170
Podach, Erich F. 189
Pusinelli 72, 185

Rée, Paul 130–132, 140–148, 150–154, 159, 173
Rellstab, Ludwig 107
Ritschl, Friedrich 24, 45
Ritschl, Sophie 24, 26 f., 100
Ritter, Emeline 168, 170
Ritter, Julie 167 f.
Ritter, Karl 37, 140, 156, 166 bis 170
Röckel 185
Rohde, Erwin 24, 26 f., 47, 52, 56 f., 59–61, 65, 92 f., 98, 118 bis 120, 122 f., 125, 129 bis 132, 150, 159, 191
Rohde, Valentine 129–131
Rolland, Romain 177
Ross, Werner 143, 152
Rossini, Gioachino 107

Salomé, Lou 189
Sand, George 30
Schelling, Friedrich Wilhelm Joseph von 96
Schirnhofer, Resa von 180
Schmeitzner, Ernst 150

Schönaich, Gustav 186
Schopenhauer, Arthur 20, 24, 26 f., 56, 81, 103 f., 145, 154
Schumann, Robert 24, 64, 107, 167
Semper, Gottfried 75, 181 f.
Shakespeare, William 9
Sokrates 101 f., 170
Sophie von Bayern 171
Standhartner, Josef 113 f.
Stein, Heinrich von 185
Stern, Daniel s. Marie d'Agoult
Stocker, Jacob 49, 65
Stocker, Vreneli 49, 52
Strauß, David Friedrich 106 bis 109, 111 f.

Tausig, Karl 156

Uhlig, Theodor 111, 167 f.

Vischer, Friedrich Theodor 107
Voltaire 12, 16, 147 f., 151–154

Wagner, Adolph 58, 70
Wagner, Albert 156
Wagner, Eva 41 f., 49
Wagner, Friedelind 15 f.
Wagner, Isolde 40–42, 49
Wagner, Luise 46
Wagner, Minna 36, 39, 117, 170
Wagner, Siegfried 39, 41, 48 bis 50, 52, 72, 74 f., 85, 124, 139, 147, 179, 187
Wagner, Winifred 15, 187
Wapnewski, Peter 134
Weber, Carl Maria von 34
Weingartner, Felix 179
Wesendonck, Mathilde 36, 39, 140, 185

Wesendonck, Otto 36, 185
Westernhagen, Curt von 151, 161
Widemann, Paul Heinrich 150
Wilhelm I. 129
Winckelmann, Johann Joachim 97
Wittgenstein, Carolyne Fürstin von 29–32, 42, 99, 178
Wittgenstein, Marie (Magnolette) 29, 31 f., 42

Wolkenstein, Marie von 142, 146 f., 186
Wolzogen, Hans von 162

Xenophon 175

Zelinsky, Hartmut 178
Zumbini, Massimo 186

Bildnachweise

Richard-Wagner-Museum, Bayreuth: 19
Stiftung Weimarer Klassik: 18, 25, 67, 121
alle übrigen Abbildungen aus dem Archiv
des Rowohlt Verlags, Reinbek bei Hamburg